O despertar da energia
FEMININA
O caminho da *Bênção Mundial do Útero* de volta
à natureza autêntica da mulher

MIRANDA GRAY

O despertar da energia
FEMININA

O caminho da *Bênção Mundial do Útero* de volta
à natureza autêntica da mulher

Tradução
Larissa Lamas Pucci

Female Energy Awakening
The Path Of The Worldwide Womb Blessing Back To Authentic Femininity
Copyright © Miranda Gray & Richard Gray 2016
Brazilian Portuguese language arranged through Montse Cortazar Literary Agency (www.montsecortazar.com). All Rights Reserved.
1ª Edição, Editora Gaia, São Paulo 2019
2ª Reimpressão, 2021

Jefferson L. Alves – diretor editorial
Richard A. Alves – diretor comercial
Flávio Samuel – gerente de produção
Flavia Baggio e Helô Beraldo – editoras assistentes
Jefferson Campos – assistente de produção
Larissa Lamas Pucci – tradução
Alice Camargo – preparação de texto
Elisa Andrade Buzzo – revisão
Spress Diagramação & Design – projeto gráfico
Ana Dobón – capa
Womb Tree Image Copyright © Miranda Gray – ilustração de capa

Na Editora Gaia, publicamos livros que refletem nossas ideias e valores: Desenvolvimento humano / Educação e Meio Ambiente / Esporte / Aventura / Fotografia / Gastronomia / Saúde / Alimentação e Literatura infantil.

Dados Internacionais de Catalogação na Publicação (CIP)
(Câmara Brasileira do Livro, SP, Brasil)

Gray, Miranda
 O despertar da energia feminina : o caminho da bênção mundial do útero de volta à natureza autêntica da mulher / Miranda Gray ; tradução Larissa Lamas Pucci. -- São Paulo : Gaia, 2019.

 Título original: Female energy awakening : the path of the worldwide womb blessing back to authentic femininity
 ISBN 978-85-7555-485-2

 1. Espiritualidade 2. Feminilidade I. Título.

19-25219   CDD-133

Índices para catálogo sistemático:
1. Sagrado feminino : Espiritualidade 133

Cibele Maria Dias - Bibliotecária - CRB-8/9427

Obra atualizada conforme o
NOVO ACORDO ORTOGRÁFICO DA LÍNGUA PORTUGUESA.

Editora Gaia Ltda.
Rua Pirapitingui, 111-A — Liberdade
CEP 01508-020 — São Paulo — SP
Tel.: (11) 3277-7999
e-mail: gaia@editoragaia.com.br

globaleditora.com.br   /editora_gaia
blog.globaleditora.com.br   /editoragaia
/editoragaia

Direitos reservados.
Colabore com a produção científica e cultural.
Proibida a reprodução total ou parcial desta obra sem a autorização do editor.

Nº de Catálogo: **3985**

*Para todas as mulheres, ao redor do planeta,
que escutam em seus corações um chamado para despertar,
curar e transformar o mundo.*

O despertar da energia
FEMININA
O caminho da *Bênção Mundial do Útero* de volta
à natureza autêntica da mulher

Sumário

Nota da autora, 11

Introdução: nossa feminilidade autêntica, 13

A Meditação da Bênção do Útero, 20

A Criação do Mundo, 23

Capítulo 1: A Bênção Mundial do Útero: uma jornada pessoal, 25

Capítulo 2: Por que o útero é tão importante?, 35

Capítulo 3: O que é o Sagrado Feminino?, 47

Capítulo 4: A Bênção do Útero: o despertar
da energia feminina, 61

Capítulo 5: Recebendo a Bênção Mundial do Útero, 77

Capítulo 6: As meditações da Bênção do Útero: compreendendo e
compartilhando a nossa espiritualidade feminina, 95

Capítulo 7: Os arquétipos femininos e a Bênção do Útero, 107

Capítulo 8: Acolhendo os arquétipos dentro de você, 123

Capítulo 9: O caminho da Bênção do Útero
para uma vida feminina consciente, 161

Capítulo 10: A visão e a direção a seguir, 197

Posfácio, 201

Apêndice, 205

Agradecimentos, 211

Nota da autora

Escrevo esta nota após ministrar meus cursos no México, enquanto decolamos da Cidade do México e voamos sobre as antigas pirâmides de Teotihuacan. Alguns dias antes, nesta mesma semana, eu escalava a Pirâmide da Lua e olhava para baixo, para o caminho do cortejo da Avenida dos Mortos, que se alongava diante de mim, e para a enorme Pirâmide do Sol à esquerda. À minha frente, a paisagem cor-de-rosa se erguia em suaves colinas, mas eu não enxergava mais somente as colinas, e sim a forma de uma mulher deitada, sua barriga diante de mim, os seios à distância e a curvatura desenhada de seus joelhos de ambos os lados. À medida que os grupos de turistas, em suas cores brilhantes, começavam a aparecer pelo caminho do cortejo, andando no calor crescente na minha direção, eu vi as crianças da "Deusa da Terra" nascendo para o mundo de entre as suas pernas, logo abaixo de sua barriga. Eu fiquei ali de pé vendo o mesmo que os antigos habitantes pré-colombianos viram do topo da pirâmide – a Divindade Feminina dando à luz seus filhos. Eu me perguntei quantos turistas se davam conta de serem parte ativa de uma antiga e sagrada representação.

O Sagrado Feminino sempre esteve conosco, algumas vezes reconhecido, amado e celebrado, e outras vezes reprimido, denegrido, escondido ou ignorado. Mas Ele sempre esteve lá, na paisagem e dentro das mulheres – é preciso somente mudar a forma como nós vemos as coisas para reconhecer a presença Dele.

Este livro é baseado na Bênção Mundial do Útero, mas você não precisa ter participado para ter maravilhosas experiências e *insights* esclarecedores com as meditações, informações e exercícios que ele oferece. De todo modo, espero que você sinta em seu coração o chamado para experimentar a Bênção do Útero e compartilhe com suas amigas, para se unir às muitas milhares de mulheres por todo o globo na meditação da Bênção Mundial do Útero.

Se você ainda não teve a experiência da Bênção Mundial do Útero, ou se você já participou antes mas agora deseja se aprofundar na sua autêntica natureza feminina, registre-se para a próxima Bênção – vá para www.wombblessing.com e clique no link "Registro".

Você não precisa ter um útero físico ou ciclo menstrual para participar da Bênção do Útero ou fazer as meditações e exercícios deste livro. Você sentirá da mesma forma os presentes e benefícios dela.

Miranda Gray

Introdução:
nossa feminilidade autêntica

Nossa *feminilidade autêntica* é a feminilidade "original" com a qual nascemos. Ela está em nosso corpo feminino, em nossas células, em nossos ossos, em nosso DNA, em nosso eu instintivo e em nossos mais profundos padrões de comportamento. Ela é quem nós somos antes que o mundo moderno se sobreponha com todas as restrições e expectativas de nossa criação e sociedade.

Podemos pensar na nossa feminilidade como uma velha obra-prima, cuja pintura foi ficando suja e escurecida pelo tempo. Podemos ver as formas grosseiras da pintura por baixo das camadas de sujeira, mas não podemos ver a beleza das cores originais ou os detalhes e minúcias da imagem verdadeira. Tantas de nós estamos vivendo somente uma vaga descrição da nossa feminilidade original.

A Bênção do Útero limpa a sujeira e as restrições de nossa feminilidade. Com cada Bênção, as camadas de sujeira se tornam mais finas, e começamos a ver as cores originais brilharem através delas. Finalmente, a figura completa está limpa, e vemos a beleza da obra-prima original – a vibração e a fluidez das cores e traços do artista, os detalhes e sutilezas, e o contraste e emoção da pintura são revelados em toda a sua glória. Sentimos que voltamos para casa, para a beleza e a vibração de quem realmente somos. Sentimo-nos sagradas e centradas, livres e empoderadas, dignas, criativas, sexuais e espirituais. E somos livres para ser tudo – cada cor e cada forma da nossa feminilidade original.

Quem pinta a nossa obra-prima é o Sagrado Feminino e, assim como todo artista, Ele coloca o coração Dele, a alma Dele e as energias Dele na pintura – energias que são unicamente femininas porque elas expressam e refletem a natureza Dele. Essas energias fluem através de nosso ser e de nossos níveis de consciência. Elas fluem pelos nossos padrões centrais e pelos principais centros femininos de energia do nosso corpo. Para muitas de nós, essas energias estão escondidas por trás das camadas escuras que nos limitam, mas às vezes vemos as suas cores brilhantes aparecerem nas nossas vidas e isso causa perturbação e confusão, porque não conseguimos ver a pintura completa. A Bênção do Útero ajuda a nos reconectarmos com essas energias dentro de nós, a aceitá-las e amá-las à medida que elas gradualmente despertam em nossas vidas, e a viver em harmonia com elas, de forma que não regressemos à escuridão. Enquanto a vida moderna tenta esconder as nossas cores, a Bênção do Útero retira a sujeira e nos devolve nossa vibração.

A primeira Bênção Mundial do Útero foi oferecida na lua cheia de fevereiro de 2012, e começou, assim como muitas ideias, com um coração aberto e o desejo de ajudar. A vontade de alcançar e amparar cinquenta mulheres cresceu no decorrer de 2012 e se transformou em um movimento mundial de espiritualidade feminina, chegando a milhares de mulheres ao redor do globo.

O que teve início em 2012 não parou, pelo contrário, desabrochou como um botão e se tornou algo maravilhoso. Assim como a lua passa de crescente a cheia, de cheia a minguante, e de minguante a nova; assim como o botão se abre em flor, e depois fruto; e assim como a donzela amadurece e se torna mãe, mulher sábia, e então mulher anciã, nosso despertar tem o seu próprio ciclo.

O que é a Bênção do Útero?

O título completo da Bênção do Útero é "Sincronização da Bênção do Útero – O Despertar da Energia Feminina". Para simplificar, reduzimos o termo para "Bênção do Útero" ou "Bênção". Uma *sincronização* é uma técnica energética que eleva a vibração de um indivíduo para alinhá-la com uma vibração específica de energia.

A Sincronização da Bênção do Útero foi especificamente desenhada para a estrutura energética única das mulheres, para elevar a vibração delas e conectá-las à linda vibração do amor e da luz do Sagrado Feminino – às vezes chamada de "energia da Bênção". O efeito da sincronização é o processo transformacional de cura e despertar de nossas energias femininas. A esse processo chamamos "renascimento".

A Bênção do Útero é **uma cura pessoal e espiritual, e um sistema de evolução** disponível a todas as mulheres, independentemente de seu histórico, de suas condições físicas ou crenças. Nossa feminilidade não diz respeito somente à nossa fertilidade, ou mesmo ao fato de ter um útero físico ou um ciclo, ela está relacionada com a feminilidade original que habita em todas as mulheres e com o centro de energia que está na área do útero. Nós não precisamos **acreditar** na feminilidade autêntica do Sagrado Feminino – nós simplesmente **somos** essa feminilidade.

A Bênção do Útero é uma abordagem, **uma forma de viver nossa vida cotidiana** que nos traz empoderamento pessoal por meio da compreensão de nossa feminilidade autêntica, e isso constrói confiança dentro de nós.

A Bênção do Útero também cresceu e se tornou uma **comunidade mundial de mulheres** que compartilham a necessidade – em seus corações, em seus úteros e em seus ossos – de redescobrir e despertar novamente o que significa ser feminina. É uma comunidade que compartilha experiências, cria projetos centrados no feminino, que foca na cura e no desenvolvimento feminino e que apoia e valida todas as mulheres em um ambiente não competitivo. É uma comunidade de estrutura orgânica e que cresce em resposta às necessidades das mulheres.

Finalmente, a Bênção do Útero é uma **visão compartilhada** – de viver uma vida autenticamente feminina em uma sociedade que apoia as nossas energias femininas. Significa sermos pioneiras em novas formas femininas de viver, trabalhar e estruturar relações entre as mulheres, individualmente e em grupos. Significa transformar as estruturas tradicionais, sociais, educacionais e trabalhistas e as expectativas de criar um legado para nossas filhas e netas, de forma que elas possam crescer e prosperar em um mundo que acolhe e encoraja todo o leque de energias e habilidades femininas.

Por meio das lindas meditações e exercícios deste livro, e da participação nas Bênçãos Mundiais do Útero, você se abrirá para a sua feminilidade autêntica, dará início a um processo de autocura e começará a criar uma relação pessoal com seu Sagrado Feminino. O mundo começará a mudar para você, para seu parceiro, para suas crianças e para o futuro – para melhor.

É meu desejo de coração que a Bênção do Útero cresça, de forma a alcançar amplamente as mulheres e oferecer a elas a família segura e solidária pela qual as suas almas tanto clamam. Independentemente de você estar sozinha em sua angústia por conexão com sua feminilidade e com o Sagrado Feminino, de ser nova à presença Dele, ou de já tê-Lo há muitos anos como parte da sua vida e de seus círculos de amigas, nós todas somos parte de uma única imagem de feminilidade sagrada e autêntica. Agora, talvez, seja a hora de conscientemente nos unirmos para despertar nossas energias femininas e fazer as coisas de uma forma "feminina" – e então veremos o que a feminilidade autêntica pode criar.

Com frequência, grandes mudanças são feitas por pequenos grupos de pessoas inspiradas – e eu espero que este livro inspire você.

Cada Bênção do Útero
é um presente da energia do Sagrado Feminino
que desperta aspectos de nossa feminilidade autêntica
de seu sono, de suas restrições, de sua escuridão
e
revela a beleza,
a força e os dons
da nossa natureza feminina.

Cada Bênção acende
o mistério dentro de nós,
que é o Sagrado Feminino,
e
nos leva a um caminho
que nos devolve
à nossa verdadeira, sagrada
e autêntica natureza feminina.

Cada Bênção traz
cura e aceitação,
amor e alegria,
orientação e empoderamento.

O Sagrado Feminino
está refletido em todas as mulheres
independentemente da idade,
independentemente do que elas fazem,
com ou sem útero,
com ou sem ciclo menstrual.

A Meditação da
Bênção do Útero

Feche os olhos e traga sua consciência para o seu corpo.

Sinta o seu peso sobre a almofada, o peso de seus braços no seu colo.

Faça uma respiração profunda e sinta-se centrada em seu interior.

Traga sua consciência para o seu útero; veja, saiba, sinta ou imagine que seu útero é como uma árvore, com dois ramos principais, com lindas folhas e frutos vermelhos como joias nas extremidades.

Sinta ou imagine que as raízes da árvore crescem, aprofundando-se na escuridão da terra, conectando você e ancorando você, permitindo-lhe receber a energia dourada em seu útero.

Sinta-se enraizada e equilibrada. (*Pausa*)

Agora, permita que a imagem da Árvore do Útero cresça, até que seus ramos se separem na altura de seu coração.

Enquanto você se conecta com essa imagem, veja, sinta ou imagine que o centro do seu coração se abre, e que a energia flui, descendo pelos seus braços, até suas mãos e dedos.

Sinta a conexão amorosa entre a terra, seu útero e seu coração. (*Pausa*)

Ainda com a consciência em seu coração, levante seu olhar e veja ou sinta que os ramos da árvore seguem crescendo, elevando-se, para acolher uma lua cheia sobre sua cabeça. A beleza da lua cheia banha você com uma luz pura, branca e prateada, que lava a sua aura e a sua pele. (*Pausa*)

Abra-se para receber a luz da lua. Permita que ela entre pela sua coroa e preencha seu cérebro de luz. (*Pausa*)

Relaxe mais, e receba essa luz em seu coração. (*Pausa*)

Relaxe ainda mais, abra seu útero e permita que a energia chegue a ele como uma Bênção. (*Pausa*)

Para finalizar a meditação:

Traga sua consciência para as raízes da sua Árvore do Útero e sinta ou saiba que elas se aprofundam na terra.

Mova os dedos das mãos e dos pés.

Faça uma respiração profunda. Abra seus olhos e sorria.

Ao finalizar, coma algo delicioso!

A Criação do Mundo

Na Criação do Mundo, a Primeira Mulher abriu seus olhos e olhou ao seu redor, para as árvores e para o céu, para o rio e para as montanhas, e ela então disse as primeiras palavras perguntando:

— Quem sou eu?

E os Primeiros Animais do mundo responderam, e vieram contar a ela. A Mulher Lebre se aproximou e deu à Primeira Mulher uma flor.

— Você é a Lebre — ela disse.

Então a Mulher Cavalo saiu de sua manada e deu à Primeira Mulher um espelho.

— Você é o Cavalo — ela disse.

A Mulher Coruja se precipitou de seu voo, deixando cair uma faca curva aos pés da Primeira Mulher.

— Você é a Coruja — ela gritou.

E a Mulher Urso sentou-se em frente à Primeira Mulher e deu a ela uma tigela de obsidiana.

— Você é o Urso — ela grunhiu.

A Primeira Mulher olhou para os animais, perplexa, e perguntou:

— Mas como eu posso ser todas vocês?

Então a Mulher Serpente se ergueu diante da Primeira Mulher e envolveu um cinto ao redor de seus quadris. Ela pendurou cada um dos objetos no cinto.

— Você é a Serpente — ela disse. — Você flui.

Repentinamente, a Mãe Lua apareceu, banhando todas em sua beleza e luz.

— Ah, Primeira Filha, você descobriu quem você é — ela disse, sorrindo.

A Primeira Mulher olhou para o seu cinto, e então voltou-se para cima, para a Mãe Lua.

— Mas como eu vou saber quando serei do Clã das Lebres, do Clã dos Cavalos, do Clã das Corujas ou do Clã dos Ursos? — ela perguntou.

A Mãe Lua respondeu:

— Eu mostrarei a você, do céu. Observe minha face crescer e esteja com o Clã das Lebres; veja o meu sorriso pleno e esteja com o Clã dos Cavalos; ao ver minha face declinar esteja com o Clã das Corujas; e então, quando eu me retirar do céu, siga-me para hibernar com o Clã dos Ursos.

E a Primeira Mulher soube quem ela era.

Capítulo 1
A Bênção Mundial do Útero:
uma jornada pessoal

É difícil apontar o "início" da Bênção Mundial do Útero, já que meus aprendizados e experiências prévias que contribuíram para a sua criação foram inúmeros. O Sagrado Feminino sempre foi parte do meu caminho, e mesmo ainda criança, com dez anos de idade, eu pintava imagens de deusas e sacerdotisas. Para mim, não havia distinção entre a minha espiritualidade e as energias criativas que fluíam através de mim. O mundo ao meu redor era sagrado, cheio de energia e inspiração. Era difícil encontrar as palavras que descrevessem minhas experiências, sobretudo sendo alguém que pensa por meio de imagens e sentimentos, mas eu sabia que a expressão da minha criatividade significava um lindo relacionamento com o divino, no mundo ao meu redor e dentro de mim.

Nos meus vinte anos, eu escrevi o meu primeiro livro, *Lua Vermelha: as energias criativas do ciclo menstrual como fonte de empoderamento sexual, espiritual e emocional*, que nasceu do meu chamado interno de saber quem eu era e o porquê de achar tão difícil ser mulher em um mundo masculino. Como a Primeira Mulher, eu me perguntava: "Quem sou eu?"

Eu tinha muita consciência das energias que mudavam dentro de mim, mas, sem nenhuma estrutura ou linguagem para compreender essas mudanças, eu sentia que devia haver algo errado comigo. Isso aconteceu antes da ampla disponibilidade de conhecimentos e recursos possibilitada pela internet, então não era fácil encontrar informação sobre energias femininas, cura e espiritualidade.

Comecei a compartilhar as observações sobre meu ciclo com outras mulheres, e descobri que eu não estava sozinha em minhas experiências. Eu sabia que minhas observações não podiam ser somente uma descoberta moderna, que as mulheres do passado teriam tido conhecimento sobre essas mudanças energéticas, e por isso eu explorei a mitologia e o folclore europeu em busca da antiga sabedoria feminina oral que estaria contida ali. Nessa mitologia, encontrei histórias a respeito do Sagrado Feminino e a resposta para o que significa ser mulher.

Lua Vermelha foi o resultado da minha jornada de autodescoberta. Depois que *Lua Vermelha* foi publicado, eu comecei a dar cursos baseados no livro e a estudar a respeito de curas alternativas, energia e espiritualidade, enquanto trabalhava simultaneamente como ilustradora *freelancer*. Eu explorei os sistemas espirituais celtas e orientais, treinei diferentes formas de trabalho energético, incluindo Reiki e a Flor da Vida, trabalhei com cura e fui professora de técnicas energéticas por dezesseis anos, tendo atuado também com design gráfico e criação multimídia. À medida que minha própria consciência sobre a energia crescia, minha criatividade e inspiração se transformaram, e passaram de uma expressão primária nos trabalhos artísticos para serem expressas por meio do trabalho energético. Combinei e criei novos sistemas baseados nas energias e inspirações que fluíam através de mim.

Na virada do milênio, algo mudou – as mulheres não estavam mais interessadas em compreender o seu feminino ou sua conexão com o Sagrado Feminino, e demorou anos para que o interesse pouco a pouco fosse despertado novamente. Eu vi os primeiros sinais de mudança na nova procura pelo *Lua Vermelha* e em um número crescente de pedidos para que ele fosse publicado em diferentes línguas. Para divulgar o livro, eu viajei a diversos países europeus oferecendo o workshop Lua Vermelha, com duração de um dia. As mulheres que eu encontrava queriam se compreender melhor, descobrir suas energias femininas e experimentar uma relação pessoal com o Sagrado Feminino.

Em dezembro de 2011, uma maravilhosa amiga minha, Belinda Garcia, ofereceu-se para organizar um workshop Lua Vermelha para mim em Londres. Eu perguntei a ela o que ela achava que as mulheres gostariam de receber como acréscimo ao curso, e ela sugeriu que eu pudesse dar a cada uma, por meio das mãos, algum tipo de cura para o útero. Infelizmente, aquele curso não foi para frente, mas a sugestão dela me deixou refletindo – e isso é sempre perigoso!

Eu me senti inclinada a alcançar mais mulheres do que seria possível por meio de pequenos cursos, e senti o chamado em meu coração para oferecer mais do que cura. O desejo de meu coração era ajudar as mulheres a despertar plenamente para sua autêntica feminilidade e espiritualidade, de forma que cada uma pudesse viver uma vida melhor, preenchida e completa.

Para mim, todas as diferentes formas da minha criatividade têm sido modos de sustentar e compartilhar a energia e a presença do Sagrado Feminino. A presença Dele me acompanha e toma forma fluindo através de mim. Foi seguindo as energias Dele em meu corpo e escutando a voz Dele na natureza e nas estrelas, em meu coração, em meu útero e na terra, que o trabalho energético da Bênção do Útero nasceu.

Eu recebi a primeira Bênção do Útero através de uma versão da meditação originada no *Lua Vermelha* e que evoluiu, no decorrer dos anos, como minha prática pessoal. A beleza da energia da primeira Bênção foi de tirar o fôlego, e deu início a um caminho de transformação profunda que mudou completamente a minha vida. Cada vez que eu me preparava para receber a Bênção do Útero, eu usava a meditação para abrir minhas energias, para me conectar com o Sagrado Feminino e para permitir que a energia Dele flua para mim e através de mim. Essa meditação é agora o caminho utilizado para que todas as mulheres se preparem para receber a Bênção do Útero.

Em meu coração, eu sabia que essa vibração do Sagrado Feminino era para todas as mulheres, e não somente para aquelas que eu poderia encontrar pessoalmente. Então, guiada pelo amor do Sagrado Feminino e moldada pela minha consciência da energia da Bênção e pelo conhecimento de técnicas energéticas, a Bênção Mundial do Útero a distância tomou forma.

Abençoando nossa feminilidade: por que o *útero* e por que uma *bênção*?

A palavra *útero*, em *Bênção do Útero*, é uma **simbologia** da feminilidade original que incorporamos, e do centro de energia feminina que habita em nosso baixo-ventre e no útero. Independentemente de termos um útero físico ou não, ainda temos esse centro energético, e as energias dele afetam todos os aspectos de nossas vidas – a forma como pensamos e sentimos, nossas energias sexuais, nossa criatividade e nossa espiritualidade. Ainda que deixemos de ser férteis, não deixamos de incorporar uma linda, mágica e empoderada feminilidade.

Eu escolhi o termo *bênção* porque a bênção é uma ação que toma algo que é visto como ordinário e o devolve à sua natureza sagrada original. Uma bênção nos ajuda a reconhecer a presença divina dentro de nós e no mundo ao nosso redor. Tantas mulheres veem o útero e seus ciclos como algo mundano e com pouca relevância em suas vidas – a menos que elas queiram um filho ou que o útero provoque dor e incômodo. Muitas odeiam seus ciclos, sua feminilidade e seus corpos, e estão desconectadas da essência sagrada e do fluxo das energias que habitam o centro de energia de seus úteros. A Bênção do Útero é um regresso à sacralidade de *tudo* o que significa ser mulher.

A palavra *bênção* tem muitas raízes em diferentes línguas. Na raiz latina, a palavra *bendição* significa *falar bem de*, de forma que uma *Bênção do Útero* é para expressar ao mundo os aspectos positivos de nossas energias femininas. Em inglês antigo, *bênção* vem de uma palavra que significa *tornar sagrado*, especialmente por meio do sangue.

As Bênçãos do Útero são:

Um caminho que devolve a sacralidade original (simbolizada pela palavra *bênção*) a tudo o que significa ser feminina (simbolizada pela palavra *útero*), em uma acolhida amorosa. Nesse regresso e acolhimento amoroso, conhecemos nosso verdadeiro eu e encontramos empoderamento e cura.

O primeiro convite

Em janeiro de 2012, eu decidi oferecer a primeira Bênção Mundial do Útero. Eu enviei um e-mail como convite a vinte amigas, de diferentes países, convidando-as a se juntar a mim e a estender o convite a qualquer outra mulher que pudesse se interessar. Eu ofereci a Bênção do Útero em quatro diferentes horários durante o dia, para torná-la acessível a mulheres em diversos fusos horários.

A feminilidade autêntica diz respeito a conexão e criação, a tecer padrões, a incluir os outros e a partilhar de coração. A vibração específica da energia do Sagrado Feminino na sincronização da Bênção Mundial do Útero não é algo que nos é dado para guardarmos para nós, e sim algo para compartilharmos – então, eu escrevi uma "Meditação da Partilha" adicional. Essa meditação permite que, no horário escolhido, todas as mulheres que participam compartilhem a energia do Sagrado Feminino entre si, através de uma conexão de útero a útero.

Eu não tinha ideia do que iria acontecer!

Fiquei maravilhada quando os primeiros registros começaram a chegar, mas então veio uma enxurrada de e-mails, centenas deles! Eu tirei três semanas de folga do trabalho, e meu marido também precisou me ajudar a processar os registros. Nos últimos dias que antecediam a Bênção Mundial do Útero estávamos recebendo milhares de e-mails por dia – vindos de todo o mundo – e registrando cada um individualmente.

A primeira Bênção Mundial do Útero foi dada na lua cheia mais próxima ao festival celta de Imbolc – ou Candlemas, segundo o calendário mais antigo. Essa lua cheia, tendo acontecido num momento em que a renovação e o crescimento se manifestavam na terra, ressoou profundamente com o despertar e a ativação de nossa feminilidade sagrada e seu crescente reaparecimento no mundo.

Fizeram parte disso 6.029 mulheres, de mais de oitenta diferentes países.

Eu estava em choque, maravilhada e profundamente honrada. O Sagrado Feminino havia chamado, e os corações e úteros das mulheres estavam respondendo a Ele.

Para mim, o que começou como uma atividade solitária e um desejo de enviar a Bênção do Útero para as mulheres ao redor do mundo tornou-se uma família de mulheres, conectadas e interconectadas, enviando a energia do Sagrado Feminino umas às outras.

A resposta à primeira Bênção Mundial do Útero

A resposta à primeira Bênção Mundial do Útero, como demonstram os números de registros, e-mails, comentários no Facebook, fotografias e depoimentos, me mostrou que uma única Bênção Mundial do Útero não era o suficiente. A resposta à Bênção era o apelo do coração das mulheres, que atravessava países e línguas, culturas e tradições espirituais. Eu chorei lendo os e-mails com as histórias pessoais, que mostravam a profundidade da força e da coragem que as mulheres possuem nas mais aterrorizantes situações ou experiências de vida. Nas vozes dessas mulheres, eu senti a força do Sagrado Feminino, mas também senti a dor oculta de uma relação com Ele que foi interrompida.

Participaram mulheres de áreas isoladas, como as Ilhas Galápagos, as ilhas da Reunião e da Polinésia, de Israel e de países árabes, da América Latina, América do Norte, Bali, Coreia, países europeus, Austrália e Índia, isso para citar apenas alguns poucos dos oitenta países representados. Algo estava conectando essas mulheres, e algo nos corações delas respondia ao simples convite para participar de uma Bênção do Útero.

Aquele "algo" era uma necessidade global de se reconectar à sacralidade de nossa feminilidade e de validar nossa força, criatividade, sexualidade e espiritualidade **como mulheres**.

Por meio de uma simples Bênção do Útero, alcançamos muito além de nosso despertar pessoal, e nos tornamos parte de uma ativação muito mais ampla – o despertar de todas as mulheres, e o despertar do Sagrado Feminino em todo o mundo. Em meu coração, o Sagrado Feminino, junto ao grito de tantas mulheres, pedia por mais Bênçãos Mundiais.

Existem agora cinco Bênçãos Mundiais do Útero por ano, sendo cada uma delas na lua cheia mais próxima a um dos festivais celtas, para refletir as energias do Sagrado Feminino à medida que elas se manifestam na luz da lua e no ciclo da terra. A última Bênção do ano é na lua cheia mais próxima do solstício de inverno no hemisfério norte, e traz uma oportunidade para que nos reconectemos como um amoroso círculo de irmãs que oferecem cura para as mulheres de todo o mundo.

A Bênção Mundial do Útero fala com a voz do Sagrado Feminino, e fala em muitas linguagens. É muito importante para mim que a Bênção seja acessível a todas as mulheres e é por meio da imensa gentileza das tradutoras voluntárias que os convites podem chegar a todas essas mulheres. Meu convite inicial foi a centelha, mas as tradutoras é que foram os gravetos que ajudaram a acender a chama, e então espalhá-la pelo mundo. Eu não poderia agradecer o suficiente a essas mulheres pela contribuição delas – sem elas, não teríamos a Bênção do Útero em mais de 150 países ao redor do mundo.

O nascimento das "Moon Mothers"

O objetivo da Bênção sempre foi partilhar o despertar das mulheres para sua feminilidade autêntica. Ela cresceu e evoluiu sem estrutura, de uma forma feminina, orgânica, criativa, intuitiva, inspirada e responsiva. Após o primeiro dia de Bênção Mundial, muitas mulheres me contataram pedindo para aprender como dar a Bênção, e em seus pedidos eu ouvi mais uma vez a voz do Sagrado Feminino. Eu me comprometi a segui-lo quando Ele chamasse por mim, a fluir com a energia dele e a atender aos pedidos das mulheres. Eu sabia que o Sagrado Feminino estava chamando essas mulheres a espalhar a energia Dele a mais mulheres por meio das sincronizações de Bênção do Útero individuais, convocando-as a dar a vibração da energia do Sagrado Feminino da Bênção nos eventos mundiais, e que Ele estava pedindo a elas que o ajudassem a sustentar as mulheres em seus caminhos pessoais e no seu desenvolvimento espiritual entre as Bênçãos Mundiais do Útero.

A sincronização da Bênção do Útero pessoal foi desenvolvida a partir da Bênção Mundial do Útero, mas seus efeitos são ligeiramente diferentes. A Bênção Mundial do Útero trabalha com os padrões comuns que *o grupo* que escolheu aquele determinado horário precisa limpar, mas a Bênção do Útero pessoal foca somente nos padrões *individuais* que uma mulher mais precisa despertar e curar. Ambos os tipos de sincronização da Bênção trazem um despertar transformacional, e a partir das mudanças energéticas é que surge a cura.

Os primeiros cursos de treinamento de Bênção do Útero foram dados em Londres em abril de 2012, e iniciaram um novo caminho para mim e para as mulheres que vieram. Nós nos tornamos as primeiras "Moon Mothers" – mulheres que se oferecem a nutrir, apoiar e espalhar o despertar da feminilidade autêntica das mulheres. A Bênção Mundial do Útero que se seguiu à primeira formação, com as novas Moon Mothers participando, foi uma linda e potente experiência. Na rede interconectada de úteros que entrecruzava a terra, eu via estrelas brilhantes – cada uma delas uma Moon Mother ancorando a energia do Sagrado Feminino em seu local e enviando-a por meio dos úteros conectados de todas as mulheres que participavam.

Moon Mothers: mulheres querendo ajudar mulheres

À medida que mais mulheres participavam dos eventos mundiais, eu comecei a receber convites para ensinar em diferentes países. Cada convite era a voz do Sagrado Feminino me mostrando aonde levar a Bênção do Útero, e cada Moon Mother era um caminho para que a Bênção do Útero alcançasse mais mulheres.

O compromisso que as mulheres assumem para fazer o treinamento é realmente inspirador. Para chegar aos primeiros cursos, as mulheres às vezes atravessavam um país inteiro, dirigindo à noite com as crianças dormindo no carro. Elas pegavam um avião saindo do Canadá, da Austrália, do México ou do Peru e vinham para a Europa, e muitas tinham desafios do ponto de vista econômico. Encontrar essas mulheres me trouxe muita humildade, e me mostrou a força do chamado que elas ouviam em seus corações, além da coragem e da paixão que elas traziam. Eu senti que se as mulheres demonstravam esse nível de comprometimento com o Sagrado Feminino, viajando para aprender, então eu também precisaria demonstrar o meu comprometimento, viajando o mundo para ensinar.

A faixa etária das Moon Mothers vai de dezoito a oitenta anos, e mesmo que elas venham de contextos variados e tenham diferentes níveis de experiência, todas elas têm algo em comum – o chamado do Sagrado Feminino em seus corações e o entusiasmo, o comprometimento e o amor de partilhar a Bênção do Útero. Ao partilhar a Bênção do Útero, essas mulheres trilham um caminho de intenso e poderoso desenvolvimento pessoal e espiritual. A cada Bênção dada, elas mesmas também recebem a Bênção e despertam mais profundamente para sua feminilidade autêntica e para o Sagrado Feminino. Elas são desbravadoras, mulheres que energeticamente lideram o caminho para que outras possam segui-lo, e que também podem sustentar cada vez mais a vibração da feminilidade autêntica, de forma que outras mulheres possam ressoar em resposta.

Moon Mothers e o Equilíbrio da Energia Feminina

Para a maioria das mulheres, o caminho do despertar a cada Bênção é repleto de alegria, conexão e plenitude de alma, mas para algumas o seu processo de renascimento pode ser um pouco mais intenso, física e emocionalmente. Para ajudar essas mulheres em seu renascimento, eu ensino às Moon Mothers a *Cura do Útero – Equilíbrio da Energia Feminina*, que tem o foco nos três principais centros energéticos femininos para equilibrar e restaurar as energias dos aspectos que estão bloqueados ou esgotados em cada mulher. À medida que desenvolvemos essa cura, ela também foi sendo utilizada para ajudar as mulheres a se prepararem para a Bênção Mundial do Útero, para apoiar as jovens meninas em sua passagem para a idade adulta e para ajudar as mulheres com o seu ciclo menstrual e dificuldades físicas.

O Equilíbrio da Energia Feminina também é usado para apoiar as mulheres durante a pré-menopausa e a pós-menopausa. A pré-menopausa é o momento em que o ciclo de uma mulher começa a se tornar irregular, sendo a pós-menopausa o período após a sua última menstruação. Os estágios primários da pós-menopausa podem ser tão desafiadores quanto a pré-menopausa, pois as mulheres ainda atravessam muitas mudanças.

Grupos de Bênção Mundial do Útero

O chamado do Sagrado Feminino é uma enorme força motriz no crescimento e desenvolvimento da Bênção do Útero. Muitas mulheres ao redor do mundo sentiram o chamado Dele para se conectarem e compartilharem umas com as outras, e os grupos de Bênção Mundial do Útero começaram a aparecer de forma independente, em diferentes países. Alguns grupos eram pequenos e privados, formados por poucas amigas ou familiares, outros eram grandes e públicos, compostos por mais de centenas de mulheres. As mulheres também se conectavam em grupos internacionais, para participarem juntas da meditação por meio do Skype ou de algum software de conferência on-line.

A Bênção Mundial do Útero se tornou uma linda celebração, assim como uma bênção de tudo o que significa ser feminina. Ela inspirou algumas mulheres a se encontrarem, especialmente nas partes do mundo em que elas pensavam estar sozinhas em suas experiências e em seu chamado de coração. Para mulheres que não têm um grupo local, ou que vivem em um regime no qual não podem expressar abertamente a sua feminilidade autêntica, os eventos mundiais vêm para conectá-las a uma família espiritual feminina, que apoia o despertar delas, legitimando como bons, válidos e bonitos todos os aspectos de sua feminilidade.

A Bênção Mundial se espalhou ao redor do mundo porque as mulheres acreditaram em seus corações e ofereceram generosamente seu tempo e seu talento. Minha oferta original foi só a centelha, e o fogo agora pertence a essas mulheres criativas e inspiradoras que o alimentaram, e convidaram outras mulheres a se sentarem diante dele e compartilharem suas histórias, lágrimas, alegrias e experiências umas com as outras.

A "mulher" mais nova que eu conheço que participou da Bênção Mundial do Útero tem somente nove anos, e a mais velha tem 91. Todas nós somos dotadas de muita luz e vida, coragem e entusiasmo, força e amor, e podemos oferecer isso umas às outras, não importando a idade.

Para mim, a jornada da Bênção Mundial do Útero tem sido de grandes desafios e mudanças. Eu cheguei tão longe da minha zona de conforto que não me lembro mais como ela é. A Bênção do Útero sempre esteve, e sempre estará, a serviço do Sagrado Feminino, para o despertar das mulheres em sintonia com o Amor Dele. Quando as mulheres demonstram tanta força e compromisso ao chamado do Sagrado Feminino, é natural que esse despertar seja somente o começo de algo incrível, com potencial para transformar o mundo.

Exercício: A Lua Interior – conectando-se com a lua dentro de seu centro de energia do útero

Este suave exercício inicia uma relação entre você e o centro de energia do seu útero. Ele foca no cinturão pélvico que circunda parcialmente o seu baixo-ventre e que cria o lindo recipiente que sustenta o bebê enquanto ele cresce.

A meditação a seguir é uma linda forma de trazer a sua consciência desde a cabeça até o centro de energia do útero – o centro de suas energias femininas e de seu empoderamento. Também pode ajudar a reduzir o estresse e as provações da vida cotidiana. Quanto mais atenção você dá a seu centro do útero, mais ele se torna a sua fonte de força e sustentação.

Assim como para todos os exercícios deste livro, *você não precisa de um útero físico ou de um ciclo menstrual* para fazer a meditação e sentir os benefícios.

Sente-se confortavelmente e faça uma respiração profunda.

Feche seus olhos e traga a sua consciência para seu útero físico ou para o centro de energia que habita o seu baixo-ventre.

Faça uma respiração profunda até o seu baixo-ventre e relaxe.

Veja, saiba ou sinta que uma linda tigela dourada, preenchida de água, habita o berço de seu cinturão pélvico.

Ao olhar para esse recipiente, você vê o reflexo da lua cheia e das estrelas.

Faça outra respiração profunda e relaxe os músculos do baixo-ventre.

Agora, esteja consciente da lua cheia sobre você e do reflexo de sua luz em seu útero. Veja ou saiba que você carrega a luz da lua dentro de você.

Perceba como você se sente.

Perceba qualquer sensação física.

Seu centro do útero está conectado com os ciclos e com a beleza das energias e do amor do Sagrado Feminino.

Quando você estiver pronta, coloque as suas mãos em seu baixo-ventre. Faça uma respiração profunda, abra seus olhos e sorria.

Capítulo 2

Por que o útero é tão importante?

Certa manhã, a Primeira Mulher estava sentada à beira do rio, fazendo um vaso com barro. Ela o deixou secando à luz do sol, e o vaso era tão bonito que os Primeiros Animais vieram para admirá-lo. Já à noitinha, os animais e a Primeira Mulher estavam cansados e com sede, então ela encheu o vaso com a água do rio e ofereceu a cada animal. Agora, os animais também estavam com fome, e a Primeira Mulher não tinha nada para dar a eles, então ela chamou pela Mãe Lua e sua face rosada apareceu no céu.

— Mãe, por favor, me ajude. Preciso de comida para os Primeiros Animais. O que eu posso fazer?

A Mãe Lua respondeu lá de cima:

— Preencha a sua tigela com a minha luz e eu criarei o suficiente para todos.

A Primeira Mulher elevou a tigela sobre sua cabeça para enchê-la de luz da lua, e quando ela a abaixou, alimentos de todos os tipos saíram de sua tigela. Os animais vieram até ela e comeram até que se sentissem saciados e com sono, e então eles se aconchegaram ao redor da Primeira Mulher e dormiram.

A Primeira Mulher também estava pronta para dormir, mas ela não tinha onde colocar a sua tigela.

– Mãe – ela chamou. – Eu não tenho um lugar onde colocar a minha tigela. Você pode segurá-la para mim, por favor?

A Mãe Lua respondeu:

– Eu a colocarei em um lugar seguro para você, assim você poderá usá-la a qualquer momento, sempre que precisar.

A tigela se transformou em luz e, com um único raio de luar, a Mãe Lua a colocou na cintura da Primeira Mulher, em seu baixo-ventre.

– Ah – a Primeira Mulher suspirou, e foi dormir com as mãos sobre sua nova tigela.

A perspectiva do mundo moderno sobre o útero

A desconexão de nosso ser pleno

O desenvolvimento da ciência moderna e da medicina exerceu um importante papel na formação de nossos sentimentos a respeito de nosso útero.

A abordagem objetiva masculina, sempre orientada a "consertar" as coisas, tem distanciado muitas mulheres da percepção subjetiva experimental das suas energias femininas e impedido a validação dessas importantes experiências. O centro do útero, a mente e o coração estão profundamente interligados, e trabalhar somente no físico é separar a mulher da totalidade de seu ser e da plena percepção de si mesma e da vida. O resultado do isolamento do eu é viver a partir de uma abordagem inconsciente baseada no medo.

Somos levados a acreditar que precisamos esconder os nossos aspectos naturais, que são vistos como inaceitáveis ou ameaçadores à nossa sobrevivência ou status. Dessa forma, uma vez que removemos os sentimentos de completude, criatividade e empoderamento de nossas vidas, a sociedade provoca a resposta do nosso cérebro primitivo, e voltamos à reação de: "fugir ou lutar". Assim, nossas vidas refletem essas duas respostas com episódios em que o medo, a raiva e a agressividade nos direcionam, ou nos quais a ansiedade ou o senso de vulnerabilidade nos limitam. Nossa sobrevivência primitiva e as respostas de estresse sufocam as lindas mudanças e os dons intrínsecos a cada uma das fases dos ciclos de nosso útero, alienando-nos ainda mais das experiências de sustentação e afirmação de vida que ele traz. Perdemos contato com a alegria da relação espiritual com o mundo e o prazer de liberar e expressar nossa inspiração e poder criativo. Sem compreender o porquê, sentimo-nos desconectadas; a frustração, a desordem interna e o autodesprezo emergem, criando vidas vazias, problemas físicos em nossos úteros e ciclos, problemas nas relações e uma falta de propósito e direção na vida.

Nos anos 1960 e 1970, a introdução da pílula nos livrou do medo de uma gravidez indesejada, mas também plantou na mente das mulheres a abordagem científica de controlar e "consertar" o corpo e o ciclo menstrual. Em lugar da liberdade prometida às mulheres, a pílula alienou as gerações sucessivas de seus ciclos e de suas energias femininas, até que muitas mulheres se encontraram vivendo em uma cultura em que o efeito do útero e de seus ciclos é, na melhor das hipóteses, visto como irrelevante, e, na pior delas, como negativo.

A ciência e a medicina "resolvem" os "problemas" físicos. Por meio da propaganda sutil (ou às vezes nem tão sutil), as companhias farmacêuticas ensinam as mulheres que o centro do empoderamento feminino, o útero, é um problema que somente pode ser resolvido se for suprimido. O verdadeiro problema que está por trás de tudo isso – viver em uma sociedade que nos força a uma expressão não natural da feminilidade como forma de sobrevivência – não é evidenciado, e dessa forma os problemas físicos, mentais e emocionais das mulheres continuam crescendo e se desenvolvendo.

Reconectando-se: a esperança e o caminho pela frente

Todas nós corporificamos em algum nível a desconexão de nossos úteros, porque não vivemos em uma sociedade que valida e nutre a feminilidade autêntica, e por isso não pudemos crescer livres para viver uma vida totalmente feminina.

A Bênção do Útero nos oferece a esperança de um novo caminho, não somente para nós, mas também para as gerações futuras. Ela nos oferece cura e liberação, e um caminho para voltar a nos sentirmos mais uma vez bem em relação ao nosso corpo e ao nosso ser. Ela nos oferece aquilo pelo que ansiamos em nossos corações e úteros – um caminho para nos sentirmos autênticas, conectadas e completas em nosso ser.

Exercício: O que é desconexão?

Conexão tem a ver com experienciar uma noção de "eu".

Tome um momento para perceber onde está a sua noção de "eu" em seu corpo.

A resposta poderia ser "em minha cabeça", ou, se você se sente amorosa neste momento, poderia ser "em meu coração".

Agora, tome consciência das palmas de suas mãos. Você as sente? Elas são parte de você? São parte da sua noção de "eu"?

E as solas de seus pés? Você pode senti-las? Elas são parte de você?

Agora, traga a sua consciência para seu útero, ou centro do útero, que habita o seu baixo-ventre. Você pode senti-lo? Ele faz parte da sua noção de "eu"?

Para aquelas de nós que vivemos "em nossas cabeças", pode ser muito difícil sentir uma noção de "eu" em nosso útero, a menos que você esteja experimentando cólicas pré-menstruais ou que esteja grávida. A falta de consciência de nosso útero e a falta de uma noção de "eu" dentro de nosso útero são o resultado da desconexão.

Talvez você tenha percebido, durante este simples exercício, que seu útero começou a responder à sua atenção. Talvez você esteja começando a sentir a sua presença, ou talvez tenha um pouquinho de cólica. Seu corpo está respondendo à sua atenção porque ele quer restabelecer a conexão natural entre sua mente e seu útero.

Exercício: O Útero Mágico – a consciência do seu útero ou centro do útero

Agora que você deu o primeiro passo para se reconectar com seu útero, podemos começar a construir uma relação interativa e amorosa com ele. A meditação a seguir foi inicialmente publicada em *Lua Vermelha*, e deu início a uma jornada que então culminou na meditação da Bênção do Útero.

Se você não tem um útero, ainda assim pode fazer esta meditação como uma forma de se conectar com a energia do centro do útero, imaginando seu útero e seus ovários.

    Feche os olhos e relaxe o seu corpo.
    Traga a consciência a seu útero.
    Veja em sua mente o útero central com as trompas de falópio em cada um dos lados e os ovários nas extremidades.
    Concentre-se primeiro em um ovário e depois no outro. Talvez você comece a experimentar uma sensação de contração ou um calor crescente em seus ovários ou no útero.
    Agora, visualize o seu útero crescendo pouco a pouco, até que ele envolva todo o seu corpo.
    Sinta as trompas de falópio expandindo-se a partir de seus ombros e visualize seus braços se alongando como ramos, segurando os cachos de óvulos como frutas em suas mãos.
    Permita que as energias criativas do útero despertem dentro de você e percorram seus braços e seus dedos, fazendo-os vibrar.
    Sinta-se completamente unificada com a imagem do seu útero.
    Abaixe os braços lentamente e permita que pouco a pouco a imagem do seu útero se recolha, até voltar ao seu tamanho normal.
    Reconheça a presença de seu útero em seu baixo-ventre.
    Faça uma respiração profunda e abra seus olhos.

Você poderá sentir-se profundamente em paz após o exercício, ou talvez você perceba a necessidade de usar a energia gerada para criar alguma coisa.
Como você se sente?
Você sente que seu útero ou seus ovários respondem à sua atenção? Anote as suas experiências.
Talvez você queira tentar fazer essa meditação em diferentes fases do seu ciclo menstrual, ou em diferentes fases do seu ciclo lunar, para liberar as energias que são parte da sua natureza nesses períodos.

Útero: o centro do empoderamento feminino

O centro de energia do útero é *o* centro da força e do empoderamento para as mulheres. É o portal da nossa energia na terra e, quando esse portal está aberto e conectado, a energia cheia de graça da Mãe Terra flui na nossa direção e nos preenche com vitalidade, confiança em nosso corpo, autoconfiança, sensualidade e interconexão com o mundo físico. Nos sentimos completas em nosso ser, calmas e centradas, em unidade com nosso corpo e com a terra. O útero e o coração se conectam diretamente e o centro de nosso coração se abre em ressonância com o radiante centro do útero, ajudando-nos a expressar e a usar a nossa força com amor.

Os ciclos do útero também têm um efeito poderoso em todos os aspectos de nossas vidas – em nossas energias físicas, emocionais e mentais, em nossas necessidades e sonhos, nossas energias criativas, nossa sexualidade, espiritualidade, nossas relações e nosso trabalho. Estejamos ou não conscientes dessas energias de mutação, não há nada em nossas vidas que não seja afetado pelos nossos ciclos. O Sagrado Feminino e o padrão que Ele traz, intrínseco à nossa autêntica feminilidade, está na vida de todos!

Nossa relação com o centro do útero é interativa, não somente por meio do nosso corpo e de nosso sentimento, mas também por meio de nossas mentes e pensamentos. A forma como percebemos nosso eu, nossa vida e o mundo ao nosso redor pode ter um efeito físico no útero e em seus ciclos, e estes podem igualmente ter um efeito profundo na nossa forma de pensamento.

**As energias do centro do útero
geram um efeito profundo e poderoso
sobre todos os aspectos de nossas vidas.**

Estamos habituadas a usar o termo *cabeça* para descrever o nosso *eu pensante* e o termo *coração* para descrever o nosso *eu amoroso*. Agora, precisamos chamar de volta o *útero* para descrever o nosso ser feminino empoderado.

O lar da alma feminina

O centro do útero também é o lar espiritual da alma feminina, nosso padrão de autêntica feminilidade. É por meio da desconexão com nosso centro do útero que perdemos a plenitude de nossa alma, o sentimento de sermos inteiras e completas sendo quem somos. Também perdemos contato com a orientação e o propósito de nossa alma, e os sentimentos de empoderamento, paz permanente e força interior que ela nos oferece.

O centro do útero nos conecta à terra e à lua, ao material e ao espiritual. Unindo corpo, coração e mente por meio do ciclo espiralado de suas energias inconstantes, nós corporificamos o Sagrado Feminino, que dá origem aos ciclos do Universo e é o criador da vida. Por meio do centro do útero, nos empoderamos ao nos dar conta de que nada está realmente perdido, de que tudo existe no Útero Universal e em seus ciclos de mudança e criação.

O poder do ciclo uterino: muito mais do que fertilidade

Além de "somente" criar a próxima geração ou causar dor e problemas na vida das mulheres, o útero tem muito mais a oferecer a elas. Se não houvesse vantagens no fato de as mulheres terem energias cíclicas, estas teriam sido eliminadas pela seleção natural há milhares de anos! Então, a pergunta que precisamos nos fazer é:

**O que há de tão valioso em nosso ciclo
e em suas energias que faz com que a Mãe Natureza
continue a perpetuá-lo como parte da natureza feminina?**

Talvez também devêssemos nos perguntar, ao experimentar uma fase menstrual ou pré-menstrual especialmente desafiadora: "Qual é a vantagem que essa experiência e esse comportamento me trazem? Qual é o seu benefício de sobrevivência, seu benefício pessoal e social?" Com certeza existe algum.

Além da fertilidade, qual é o valor do ciclo menstrual?

O ciclo menstrual contém dois ciclos diferentes: um ciclo de **renovação da energia física e da estamina**, e um ciclo de **variação de níveis de pensamento dominante e percepção**.

Cada um de nossos ciclos é uma oportunidade maravilhosa de renovar e restaurar nossas energias mentais, emocionais e físicas. A cada mês, a natureza nos dá aproximadamente uma semana de descanso na qual ela pode restaurar nossas energias, deixando-as prontas para o próximo ciclo. Nessa fase de descanso, algo maravilhoso acontece: somos capazes de acessar as habilidades de cura naturais de nosso corpo – mas somente se pararmos, se nos entregarmos às necessidades do nosso corpo e se nos permitirmos descanso.

Cada ciclo é uma viagem emocionante por variados níveis de percepção. Nós, mulheres, às vezes somos acusadas de mudar de ideia constantemente – e é verdade, nós fazemos isso! Cada fase tem um nível de percepção dominante, e é essa dominância que colore a forma como vemos a nossa vida. A jornada do ciclo é uma viagem que vai de cima, da mente racional e intelectual, para baixo, para a escuridão de nossas mais profundas camadas de consciência – a nossa "Mente da Alma". É quando nos entregamos e permitimos que nossa Mente da Alma domine em nossa fase menstrual que acessamos a energia e o ritmo natural que também alcançamos quando dormimos, e nos beneficiamos da cura que esse estado alterado nos traz.

Os níveis de percepção que experimentamos em cada fase do ciclo são:

1. A **Mente Pensante**. É dominante na fase pré-ovulatória, a fase anterior à liberação do óvulo, e com frequência vivenciada com elevados níveis de racionalidade, de pensamento positivo e de criatividade mental.

2. A **Mente Sentimental**. É dominante na fase ovulatória, a fase em que liberamos o óvulo, e com frequência é vivenciada por meio de sentimentos potencializados, bem como de nossa empatia e criatividade prática.

3. A **Mente Subconsciente**. É dominante na fase pré-menstrual, nos dias anteriores ao sangramento, e com frequência vivenciada com padrões comportamentais e emocionais profundos, além de elevada intuição e inspiração criativa.

4. A **Mente da Alma**. É dominante na fase menstrual, a fase do sangramento, e experimentada quando repousamos em um senso profundo de unidade, conexão e sabedoria espiritual.

Cada ciclo é uma jornada incrível de cura pessoal e energia renovadora. Cada ciclo traz a alternância de diferentes formas de pensar, de diferentes formas de criatividade, de energias sexuais que se transformam e de uma espiritualidade fluida.

Isso nos empodera com **quatro maneiras potenciais** de resolver problemas, de inovar as mudanças, de abordar tarefas, de construir uma família e de criar o mundo ao nosso redor. Somos únicas nessa linda, impressionante e poderosa natureza – homens não têm um ciclo menstrual, e não há outras criaturas na Terra que tenham essas habilidades dinâmicas e a oportunidade de aplicá-las da forma que as fêmeas humanas fazem.

**Nós, mulheres, somos provavelmente
as criaturas mais flexíveis, talentosas
e criativas deste planeta.**

As origens da cultura humana se formaram a partir desses aspectos femininos dinâmicos. Por meio da ciclicidade, da criatividade, da percepção e das energias das mulheres, foram desenvolvidas famílias, relações e comunidades. Também podemos agradecer o ciclo feminino pelo desenvolvimento da agricultura, da cozinha, do artesanato, do comércio, do ensino, das artes e da espiritualidade.

Todas essas coisas contribuíram para a cultura e a sociedade original, e o ciclo menstrual esteve intimamente atrelado ao sucesso da humanidade como espécie.

Menopausa: úteros além do ciclo

Se ser mulher diz respeito somente à fertilidade, deveríamos nos fazer estas perguntas:

**Por que as mulheres sobrevivem depois
que o seus anos férteis terminaram?
Quais benefícios a Mãe Natureza vê *nessas* mulheres?**

As energias do ciclo menstrual não morrem quando os nossos ciclos são interrompidos. Em vez disso, elas se arranjam para criar um novo tipo de mulher: a Mulher Completa. A passagem de Mulher Cíclica – uma mulher com o ciclo menstrual – para Mulher Completa – uma mulher que naturalmente não tem mais seu ciclo – é a passagem para uma nova forma de feminilidade, com sua própria força, dons e sabedoria. Assim como a lagarta se transforma em borboleta, nós nos transformamos e entramos no terceiro dos quatro estágios da vida da mulher. Esses estágios são a jovem menina, a mulher fértil, a mulher não cíclica e a mulher anciã.

Para adentrar no estágio da mulher não cíclica, evoluímos para uma forma diferente de mulher humana. E, com o tempo, essa fase evolui para o estágio de mulher anciã, que contempla mais a espiritualidade que o mundo externo. Mas nossas mudanças são graduais, e a sociedade espera que nós permaneçamos as mesmas se queremos sobreviver e ser "dignas".

**À mulher moderna é apresentada
uma imagem assustadora do envelhecimento
como uma forma de degeneração
sem *status* social ou espiritual.**

A natureza, no entanto, vê a vantagem dessas Mulheres Completas, mesmo que a cultura moderna não a veja. A Mulher Completa traz sabedoria e experiência. Na passagem de Mulher Cíclica a Mulher Completa, a natureza pede que abracemos todos os aspectos e energias da nossa feminilidade autêntica que ainda não foram vividos, para que então possamos sustentá-los em um único ser, em unidade.

A consciência que a Mulher Completa tem do mundo é mais profunda, ampla e focada nas gerações futuras, em lugar de almejar metas pessoais. A sua espiritualidade e consciência espiritual se aprofundam, criando uma conexão da sociedade com o Sagrado Feminino e seus ensinamentos. A Mulher Completa é a mão que sustenta, a guardiã do passado e do futuro, a anciã e a jovem. O poder criativo do ciclo está no seu centro do útero conforme ela retém o seu sangue sagrado, pronta a manifestar seus desejos e sonhos no mundo.

A Mulher Completa corporifica a força emocional e o amor da mãe, a energia dinâmica da jovem menina, a intuição e a inspiração da sacerdotisa e a calma interior e sabedoria penetrante da mulher anciã. Não é de se assombrar que a natureza queira mantê-las, e que tantas sociedades tenham desejado desempoderá-las.

O útero, juntamente ao ciclo e às energias que o acompanham, oferece muito mais do que a cultura moderna permite.

**O propósito da mulher é simples:
ser autenticamente feminina e
aceitar, amar, curtir e expressar
essas incríveis energias e os dons que elas trazem.**

Exercício: Mexendo o caldeirão – energizando o centro do útero

Esta simples visualização é uma forma muito poderosa de revitalizar as energias em seu centro do útero – e você pode fazê-la diariamente. Se você se sentiu desconectada de seu centro do útero nos exercícios anteriores, então talvez você precise fazer este exercício diversas vezes, antes de sentir uma resposta ou experimentar uma mudança em suas energias e sentimentos.
Esse exercício também é usado como uma preparação para a Bênção Mundial do Útero. Quanto mais você se conecta a seu centro do útero, mais você será capaz de experimentar conscientemente os efeitos da Bênção do Útero.

Sente-se em uma cadeira ou no chão, com seus braços descansando suavemente em seu colo.
Traga a consciência para seu baixo-ventre.
Imagine um lindo caldeirão dourado descansando em seu cinturão pélvico. O caldeirão está preenchido por um líquido dourado radiante.
Agora, imagine que você tem uma grande colher de prata com um cabo comprido, e que com ela você começa a mexer o líquido contido em seu caldeirão.
Faça círculos e desenhe a forma de um 8 na água com sua colher, primeiro em uma direção e depois na outra. Revolva as energias de seu centro do útero.
Faça isso por aproximadamente cinco minutos. Divirta-se!
Agora, coloque suas mãos sobre o seu baixo-ventre por alguns minutos e abra-se para perceber como você se sente, e o que você vê ou sabe.
Quando estiver pronta para terminar, sorria e sinta-se grata. Então, mova suavemente seus dedos das mãos e dos pés e abra seus olhos.
Beba um pouco de água e coma algo gostoso!

Para algumas mulheres, esse exercício pode criar uma forte resposta física. Cólicas no útero, especialmente, podem ser um sinal físico do quão profunda é a desconexão com as energias do seu útero, e um sinal de um estresse físico subjacente, decorrente de uma vida em desequilíbrio com sua natureza cíclica. Se você experimenta cólicas, talvez você prefira parar com o exercício e tomar um banho morno ou colocar uma bolsa de água quente sobre sua barriga. Perceba essa cólica como um sinal positivo de uma relação interativa entre sua mente e seu útero, e saiba que você pode usar essa interação para construir uma relação positiva.
Para outras mulheres, esse exercício pode trazer sentimentos de centramento e força, ou fazer com que elas se sintam energizadas e *sexy*.

Capítulo 3

O que é o Sagrado Feminino?

Certa noite, a Primeira Mulher estava se sentindo sozinha. Todos os animais estavam adormecidos em suas casas. Então, ela retirou a tigela de seu baixo-ventre e olhou para ela.

Inicialmente, ela não viu nada além das ondulações da sua respiração na água que preenchia a tigela. Então, ela mexeu a água e olhou de novo. Na sua tigela, ela viu sua própria face, que pouco a pouco se transformou na de uma mulher madura, e então na de uma mulher anciã. Surpreendida, ela se inclinou para mais perto.

A Primeira Mulher moveu a tigela novamente, e dessa vez ela viu a Primeira Terra coberta pela neve invernal. Enquanto ela assistia, a neve derreteu para a chegada da primavera, e os primeiros raios solares apareceram no verde brilhante entre as árvores. Gradualmente, as árvores mudaram para o verde-esmeralda do verão, e então as folhas ganharam os tons dourados e vermelhos espiralados do outono. Finalmente, as árvores se recolheram nuas, na escuridão do inverno.

Ela mexeu as águas novamente, e viu nelas uma lua crescente emergindo no céu noturno e tornando-se cheia, para então decrescer até a escuridão.

Ela balançou as águas de novo, e dessa vez viu a imagem de uma roda de estrelas nascendo no céu noturno até o seu topo e então descendo mais uma vez até o horizonte.

Ela elevou a sua tigela, olhando-a com surpresa e encantamento. Era algo tão pequeno... mas nela estava contido o Universo!

Sabedoria ancestral: compreendendo o fluxo das energias femininas

No passado, o Sagrado Feminino era percebido como o Universo. Seu corpo era tudo – animais e pássaros, a terra e os oceanos, os planetas e as estrelas. Assim como nosso espírito e nossa vida habitam nosso corpo, o espírito e a vida do Sagrado Feminino habitam o corpo do Universo. Não há nada que não seja o Sagrado Feminino. Ele é único e Ele é muitos, e tudo é parte Dele. Assim como nós temos diferentes partes em nosso corpo – dedos, seios, olhos, ossos etc. –, o Sagrado Feminino também tem muitas partes de Seu ser. Nosso corpo é o corpo Dele, nossa força vital e nosso espírito são a energia Dele e o espírito Dele. Isso significa que não existe nada que seja "impuro" ou "sujo". Não há nada que não seja sagrado, nada que não seja parte Dele. O Sagrado Feminino, quando expresso, é amor, e esse amor é *tanto* passivo *quanto* ativo, *tanto* dinâmico *quanto* receptivo, *tanto* a quietude *quanto* o movimento, *tanto* espiritual *quanto* material.

Nossas antigas ancestrais reconheceram o Sagrado Feminino em todas as formas e expressões no mundo, e também dentro de si mesmas. Elas viram Suas mudanças no ciclo das estrelas, no ciclo das estações, no ciclo da lua, no ciclo das marés, no ciclo da vida e no ciclo da mulher – sempre mudando, porém sempre permanecendo o mesmo. E elas honraram todos esses aspectos do feminino como sendo ambos, o ciclo inteiro e suas fases individuais.

A beleza do que se perdeu: os arquétipos femininos

Infelizmente, no mundo moderno, perdeu-se a sabedoria ancestral e a compreensão do Sagrado Feminino e de Suas expressões por meio da feminilidade autêntica. O termo *feminilidade* limitou-se à passividade e ao cuidado pelo outro, cancelando os aspectos dinâmicos e poderosos que as sociedades e religiões percebiam como ameaçadores.

O conceito de feminilidade também sofreu com o desenvolvimento e o uso de termos como *feminino interior* e *masculino interior, lado feminino* e *lado masculino,* para descrever a natureza dos homens e das mulheres. Se somos mulheres, continuamos a sê-lo, não importando se somos maternais e receptivas ou agressivas e ambiciosas.

Quando vemos uma leoa atacando uma presa, não dizemos que ela está expressando o seu lado masculino – simplesmente aceitamos que ela está expressando a sua natureza feminina natural. Precisamos aceitar da mesma forma a nossa própria feminilidade.

> **Chamar o lado dinâmico de nossa natureza**
> **de "lado masculino" é limitar a**
> **compreensão e a expressão**
> **do que é ser mulher.**

Da mesma forma, etiquetar a gentileza de um homem como "feminina" também é limitar o nosso entendimento da masculinidade. Para nossas energias, não existe um "lado masculino" interior: ao contrário, nossa feminilidade é feita de vários níveis de expressão das energias receptivas *e* das energias dinâmicas.

No folclore e na mitologia, temos um eco da compreensão ancestral das nossas energias femininas e de suas energias cíclicas, encontrado em histórias sobre os quatro *arquétipos femininos* – padrões originais que são carregados por todas as mulheres.

- A **Donzela**, jovem e dinâmica.
- A **Mãe**, gentil e nutridora.
- A **Feiticeira**, dinâmica e madura.
- A **Bruxa Anciã**, velha, sábia e solitária.

> **Os quatro arquétipos femininos da Donzela, Mãe,**
> **Feiticeira e Bruxa Anciã são as energias universais**
> **incorporadas por todas as mulheres.**

As energias e os dons desses quatro arquétipos são expressos nas quatro fases da vida de uma mulher e nas quatro fases do seu ciclo menstrual. Assim como, durante o nosso ciclo de vida, nossa energia e consciência mudam de jovem menina para mulher fértil, e de mulher madura para mulher anciã, nós também mudamos em energia e consciência de fase a fase do nosso ciclo menstrual. Cada fase de nossa vida e cada fase de nosso ciclo têm uma energia e um foco diferente, e todas são expressões igualmente belas e incríveis de ser mulher.

Esses arquétipos têm duas expressões dinâmicas das energias femininas – a Donzela e a Feiticeira – e duas expressões receptivas – a Mãe e a Bruxa Anciã. Reconhecer as energias femininas nesses termos não somente **nos libera das limitações impostas pelas expectativas sociais** e categorizações como também nos liberta para explorarmos nossa feminilidade autêntica, e para descobrir como podemos expressar essas energias no mundo e criar mudanças positivas e harmoniosas.

O que significa ser feminina

Ser "feminina" é expressar a nossa natureza do Sagrado Feminino, independentemente de idade, nível de fertilidade ou estado físico. Ser feminina não é somente ser gentil e maternal, é também nos perceber como a jovem donzela, a guerreira dinâmica, a buscadora de iluminação, a rainha empoderada, a doadora abundante, a tecelã, a feiticeira *sexy*, a linda bruxa, a mulher selvagem, a sacerdotisa equilibrada, a desafiadora, a caminhante entre os mundos, a avó do mundo, a visionária e a bruxa velha, feia e poderosa.

Encontrando o seu Sagrado Feminino

Em muitas tradições espirituais, há ensinamentos sobre a Divindade que são categóricos, mas, para as mulheres, há uma orientação única e pessoal ao Sagrado Feminino, que é acessível a todos. Essa orientação nos conecta à presença Dele e às suas energias, oferece ajuda e apoio, e nos mostra como criar felicidade e realização. Essa orientação para encontrar o Sagrado Feminino habita nosso corpo e nossa autoconsciência.

Nosso corpo é nosso texto sagrado.
Nosso ciclo mensal e nosso ciclo de vida
são nossas preces.

Nossos corpos são fundamentalmente os mesmos das nossas ancestrais, e, do mesmo modo que elas, nós podemos sentir a presença do Sagrado Feminino em nós e expressá-lo no mundo por meio das suas diferentes formas. Como as nossas ancestrais, nós somos "A Lua na Terra" – expressões do Sagrado Feminino em todas as suas formas. Semelhante ao que acontece com a lua, nós só podemos ver uma Mulher Cíclica na sua fase atual – nós não conseguimos ver o ciclo inteiro ou a mulher inteira. Mudamos de fases, como a lua, mas ainda assim permanecemos as mesmas. Somos luz e escuridão, exterior e interior, movimento e quietude, visível e oculto.

Meu livro *Lua Vermelha* explora em mais profundidade a sabedoria feminina sobre o ciclo menstrual e o Sagrado Feminino que habita o folclore e a mitologia, bem como sua aplicação prática nas nossas vidas.

Exercício: Como posso chamá-lo? Nomeando o Sagrado Feminino

Sem ensinamentos categóricos sobre o Sagrado Feminino, muitas mulheres acham difícil saber como se dirigir a Ele, como chamá-lo. Muitas vezes, a primeira ideia que lhes ocorre é ir ao Google e buscar por nomes de deusas, escolhendo assim nomes de mitologias e tradições que não são próprias de nossa origem ou do contexto onde vivemos. No entanto, o Sagrado Feminino não pertence ao passado – Ele está vivo e vibrante nas mulheres de hoje, na terra que nos circunda e na lua sobre nós. Em vez de usar nomes antigos, podemos usar a nossa intuição e criatividade para nos inspirar sobre como podemos chamá-Lo.

Escute a voz Dele nas diferentes fases do seu ciclo, sinta as energias Dele que se expressam através de você, e O nomeie de acordo com as energias, sentimentos e imagens que Ele lhe traz.

Observe a lua através de suas fases e a terra através de suas estações, e permita que o Sagrado Feminino fale com você diretamente, por meio de seu coração, de seu útero e seus sentimentos.

Se perceber que um nome que você cria para Ele a preenche de amor, e que seu corpo relaxa ao pensar Nele, então esse é o nome que Ele escolhe trazer para a relação que estabelece com você, nessa fase do seu ciclo e da sua vida.

Dançando com o Sagrado Feminino

Nós não precisamos "acreditar" no Sagrado Feminino, nós simplesmente experimentamos a presença Dele nos nossos sentimentos, em nossas energias dinâmicas e nas mudanças na natureza ao nosso redor.

O Sagrado Feminino é mais do que palavras ou conceitos intelectuais – Ele habita nossa natureza, quem nós somos agora e a expressão de quem nós somos. A experiência de cada mulher com o Sagrado Feminino será diferente e única, mas essa experiência será autêntica para todas e criará uma relação real e interativa, baseada na atenção mútua.

Viver conscientemente com o Sagrado Feminino é uma dança, cuja música está sempre mudando e cujos passos estão sendo guiados por Ele. O Sagrado Feminino é o nosso constante parceiro de dança – às vezes guiando, às vezes nos permitindo guiar, às vezes ensinando novos passos e movimentos, mas sempre nos orientando à medida que a música muda. Quando temos Ele como parceiro, nos sentimos confiantes para nos entregar à música, para sermos livres e deixar que Ele nos abra a novas experiências de alegria, magia e encantamento.

Escute o seu corpo. Escute a voz Dele em seu coração e em seu útero. Relaxe e flua, e você O encontrará em sua vida.

Por que o Sagrado Feminino é tão importante para as mulheres modernas?

Por meio de sua natureza, o Sagrado Feminino nos mostra como lidar com a mudança, como liberar o estresse de ser uma mulher em um mundo masculino e como valorizar as mudanças enquanto envelhecemos, de forma que paremos de combater e abracemos o nosso verdadeiro potencial.

O Sagrado Feminino como a chave para lidar com a mudança

O mundo moderno está mudando tão rapidamente que com frequência temos dificuldade de nos mantermos em meio a todas essas transformações. Mudanças que teriam levado duas ou três gerações agora estão acontecendo em dois ou três anos. O que nossas crianças estão aprendendo atualmente como habilidades essenciais de vida, objetivos de vida, valores e abordagens, mudará inúmeras vezes antes que elas estejam crescidas.

Essas mudanças cada vez mais rápidas e a sua consequente falta de estabilidade e segurança criam um nível de estresse constante como cenário para muitas mulheres. Quando estamos estressadas, interagimos com o mundo com a parte mais primitiva de nosso cérebro, e a nossa vida então gira ao redor de sobrevivência, insegurança, foco no eu e no combate, em vez de estar focada na abertura, no amor, na alegria, no relaxamento e na generosidade. Qualquer mudança, boa ou desafiadora, pode ser considerada "má" porque ela perturba o nosso senso de segurança.

Mas e se nos sentíssemos confortáveis com a mudança? E se fôssemos capazes de acolher a mudança no mundo ao nosso redor e dentro de nós, sem que ela interrompa o nosso senso interno de quem nós somos, ou ameace nosso amor-próprio, nossa autoconfiança e a crença em nós mesmas? O Sagrado Feminino nos dá a chave para administrar a mudança nas nossas vidas.

**O Sagrado Feminino nos oferece um caminho
de gracioso fluir por entre as mudanças da vida,
guiado pela natureza dinâmica Dele e pelas experiências
da nossa própria natureza cíclica.**

Mulheres: as agentes da mudança

Sejamos ou não conscientes disso, nós mulheres temos um conhecimento e uma sabedoria íntima relacionada à mudança.

**Como mulheres com um ciclo menstrual,
NÓS MUDAMOS todos os dias.**

A cada dia, damos mais um passo na jornada pela nossa atual fase do ciclo, deixando uma fase para trás e progredindo na direção da próxima. Se comparamos um dia com o dia seguinte, é difícil ver a mudança, mas, se compararmos uma semana com a próxima semana (que tem a duração aproximada da experiência de uma fase do ciclo menstrual), podemos então ver grandes mudanças em nós mesmas. *Nós vivemos a mudança* e diariamente experimentamos a mudança como parte integral e empoderadora de ser mulher.

O Sagrado Feminino, expresso nos ciclos dinâmicos da lua e das estações, nos mostra que podemos estar em mudança constante e, ainda assim, permanecer as mesmas. Ele nos mostra os estados naturais da mudança – o ciclo de atividade e descanso – e Ele nos mostra também que acolher a mudança não é difícil (pois, no fim das contas, é a nossa natureza intrínseca). Ao contrário, o que causa dificuldade e desordem é resistir à mudança, o que acaba roubando nossa energia.

Quando reconhecemos o Sagrado Feminino no mundo ao nosso redor, vemos tudo se balançando no fluxo eterno do amor e da criação divina. Quando reconhecemos o Sagrado Feminino em nossos ciclos, Ele nos mostra como viver graciosamente com a mudança – aceitando o ciclo de ação e descanso e vendo todas as mudanças como uma oportunidade de sermos criativas no mundo. Ele revela que cada experiência nos indica o que amamos e queremos, e nos ajuda a focar naquele amor para que ele nos inspire, nos dê coragem e nos ajude a manifestar nossos sonhos. O Sagrado Feminino nos tira da nossa montanha-russa de emoções e nos leva ao nosso eu profundo, a um ponto de calma e força no centro de nosso ciclo e no centro de nós mesmas. Essa é a parte de nós que não muda – é a parte que expressa a si mesma no mundo por meio das diferentes mulheres que nos tornamos em cada fase, à medida que viajamos pelo nosso ciclo menstrual.

O segredo para uma mudança graciosa

Ao acolher nossas mudanças cíclicas, pouco a pouco começamos a achar mais fácil acolher também as mudanças em nossas vidas externas. Nós paramos de resistir à nossa natureza cíclica e começamos a reconhecer nossos pensamentos e emoções inconstantes. Aceitamos mais a nós mesmas, o que nos empodera para aceitar o mundo e as outras pessoas. É nessa autoaceitação que encontramos um lugar de serena força e amor, que nos ajuda a acolher todas as mudanças com alegria.

O Sagrado Feminino como a solução para o estresse de ser mulher em um mundo masculino

Além do estresse de um mundo que muda rápido demais, as mulheres também carregam um estresse adicional **por não serem capazes de viver em harmonia com a sua natureza autêntica.**

Para a maioria das mulheres com idade entre de dez e cinquenta anos, aproximadamente, nossa natureza é cíclica. No entanto, fomos criadas com a expectativa de viver, trabalhar e nos comportar como homens. O que nos foi ensinado, de forma não realista, era que as coisas que realizariam os homens e atenderiam às necessidades deles também nos fariam felizes e satisfeitas – e quando falhamos em ser felizes e falhamos em atender a essas expectativas, podemos sentir culpa, raiva e depressão. "Por que eu me sinto assim?", "Por que eu ajo dessa forma?" e "Por que eu não posso me controlar?": esses são lamentos sentidos em nosso coração que ecoam uma dor que vem de nossas profundezas. A resposta é que não temos o entendimento sobre quem nós somos: Mulheres Cíclicas expressando o Sagrado Feminino em toda a sua beleza cíclica!

Quando combatemos a nossa natureza com o objetivo de nos encaixarmos nas expectativas, quando nos reprimimos, restringimos ou nos forçamos a agir de forma alienada, podemos criar sentimentos de frustração e agressão contra nós mesmas – e esses sentimentos transbordam para o mundo que nos rodeia. Não somos "más" ou "erradas", simplesmente temos **expectativas inapropriadas** de quem nós somos, e nossos níveis mais profundos respondem a essa pressão, lutando por validação e para que nossas necessidades sejam atendidas. À medida que seguimos o caminho pelo nosso ciclo, nós naturalmente expressamos diferentes aspectos de nossa feminilidade autêntica, mesmo que não estejamos conscientes deles, e é a nossa falta de compreensão a respeito desses aspectos que aumenta o nosso nível de frustração e estresse, trazendo outra vez o apelo de nosso coração: "Por que eu sou assim?"

O Sagrado Feminino valida nossa natureza cíclica natural e nos mostra seus benefícios, suas forças e a sabedoria disponível em cada uma das fases do nosso ciclo. À medida que reconhecemos e damos as boas-vindas às energias Dele e à sua presença em cada fase, começamos a viver nossas vidas de maneira diferente. Começamos a desenvolver atividades em fases específicas porque **elas são mais fáceis de fazer** naquele momento. Reconhecemos as necessidades presentes em nossas fases, e quando fazemos algo para atender a essas necessidades, acalmamos a área primitiva do nosso cérebro que está programada para o padrão de "falta e ataque", e vivemos a vida em um lugar de mais amor, generosidade e satisfação. Quando, conscientemente, trazemos atividades que expressam as nossas energias internas, algo maravilhoso acontece – sentimos completude, contentamento, força e equilíbrio. Após o percurso de emoções, na montanha-russa do mês, isso pode ser uma verdadeira bênção, no melhor sentido do termo!

A maioria de nós vive em uma sociedade que não nos permite viver o cotidiano em completa harmonia com a nossa natureza cíclica, mas nós *podemos* sim fazer pequenas coisas para atender às nossas necessidades dinâmicas e para expressar as energias inconstantes do Sagrado Feminino. Basta realizar algumas pequenas atividades em harmonia com a nossa fase para começar a aliviar o estresse que carregamos e a criar sentimentos de força interior e completude inerentes à nossa natureza feminina. No Capítulo 9 deste livro, há um percurso de atividades diárias para ser usado entre as Bênçãos Mundiais do Útero.

O Sagrado Feminino nos dá um modelo funcional de feminilidade autêntica. Ele valida a nossa natureza como mulheres e nos ajuda a acolher as mudanças que ela nos traz. Compreendendo a natureza do Sagrado Feminino dentro de nós, podemos viver nossas vidas em sintonia com nossas energias e mudanças, e dançar um caminho cíclico em um mundo linear.

Exercício: Chamando o Sagrado Feminino de volta para casa – liberando o estresse por meio da conexão

Muito do estresse do nosso dia a dia moderno é causado pela percepção de que não temos poder ou controle. Com a tecnologia e as expectativas contemporâneas, a nossa lista de coisas para fazer não acaba: continua sendo preenchida constantemente – por isso não é de se surpreender que com frequência nos sintamos fora de controle. Some a isso a nossa natureza cíclica e a variabilidade de nossos níveis de energia e habilidades, além do fato de a sociedade não apoiar a nossa incrível natureza, e o resultado é que o sentimento de estarmos desempoderadas pode ser aterrador em alguns momentos, especialmente em nossas fases pré-menstrual e menstrual.

Quando nos abrimos ao Sagrado Feminino e tentamos ativamente viver em harmonia com a natureza Dele, Ele nos traz força e centramento em nossa feminilidade, dando-nos a habilidade e o poder de tomar decisões e entrar em ação. O exercício seguinte nos abre ao Sagrado Feminino e dá a Ele um lar em nosso útero e centro do útero.

Sente-se confortavelmente, com as palmas das mãos viradas para cima, descansando em suas coxas ou niveladas com seu útero.

Feche os olhos e traga a consciência para seu útero e para seu centro do útero.

Faça uma respiração profunda e relaxe os músculos do baixo-ventre.

Sinta, intencione ou imagine que seu centro do útero se abre em todas as direções, envolvendo seu baixo-ventre e seus quadris.

Em sua mente, diga:

"Eu abro meu útero ao Sagrado Feminino. Por favor, venha habitar o meu útero."

Ao dizer essas palavras, relaxe conscientemente essa área do seu corpo.

Respire suavemente, repetindo essas palavras várias vezes.

Relaxe na experiência e perceba como você se sente.

Quando estiver pronta para terminar, intencione ou imagine que as raízes do seu centro do útero crescem e se aprofundam na terra.

Mova os seus dedos das mãos e dos pés e abra seus olhos.

Coma e beba alguma coisa.

Talvez você queira fazer esse exercício uma vez em cada uma de suas fases, ou durante as diferentes fases da lua. Perceba como você se sente e como sente a presença do Sagrado Feminino em seu útero.

Se achar uma boa ideia, você pode usar uma pulseira ou um colar de contas como contas de meditação. Diga as palavras uma vez para cada conta.

O Sagrado Feminino como a chave para a menopausa plena

Quando uma cultura valida o Sagrado Feminino em todos os seus aspectos, as mulheres em seus anos maduros também têm sua feminilidade validada. Já vimos que nossa feminilidade não diz respeito somente à fertilidade, mas é expressa em todos os aspectos da vida de uma mulher, do nascimento à morte. Muitas vezes, a sociedade moderna dá pouco valor às mulheres maduras, e elas podem viver isoladas, com vidas cada vez mais empobrecidas. Ainda assim, são essas mulheres que se erguem no portal entre o mundo material e o mundo espiritual, que têm profunda sabedoria e *insight* e que estão livres dos condicionamentos sociais do mundo moderno.

A perspectiva de desvalorização devida à ausência de um ciclo fértil e de uma aparência jovem indica que a mudança a partir da fase de vida da Mãe fértil é com frequência envolvida em sentimentos de medo e perda.

Não é de se espantar que a passagem para a mulher pós-menopausa seja tão estressante, e que tantas mulheres lutem arduamente para adiar a sua entrada nas duas últimas fases arquetípicas da vida – a Feiticeira e a Bruxa Anciã. Na nossa jornada de mudanças dinâmicas e desafiadoras através da pré-menopausa e da pós-menopausa, nós incorporamos a Feiticeira. À medida que nossas energias são desaceleradas e recebemos o chamado de alma para nos retirar e focar no lado espiritual da nossa vida, nós incorporamos a Bruxa Anciã.

O caminho para a completude

As mulheres que se conectam ao Sagrado Feminino podem, no entanto, ver valor e força nessas fases tardias da vida. Elas percebem que após a fase cheia da lua e da maré, e após a abundância do verão, vem a fase dinâmica de energias selvagens e mudanças desafiadoras, e de criatividade e intuição cada vez mais profundas. Elas também percebem que, após as energias da maré vazante, da lua minguante e do retiro das energias do outono, vem um período de quietude, paz e unidade. Nesse período, há aceitação e uma consciência espiritual profunda, que operam a conexão entre o mundo material e as necessidades desprendidas do ego. A vida continua em seu ritmo alucinante, mas, por trás de tudo, elas sentem a pulsação do Universo e o lugar dele em algo que vai além da imaginação.

Na mudança de Mulher Cíclica para mulher pós-menopausa, liberamos a influência do ciclo hormonal e nos tornamos mais sensíveis à influência dos ciclos da lua e da terra. Por meio desses ciclos, podemos desfrutar de uma conexão espiritual profunda com o Sagrado Feminino. Se combatemos a transformação do nosso ciclo hormonal para o nosso "ciclo espiritual", tudo se torna estressante e tentamos nos agarrar a aspectos desgastados de nossas vidas.

No entanto, quando vemos que nossa transição de mulher fértil a mulher não fértil é um aspecto do ciclo do Sagrado Feminino e compreendemos as novas modalidades de autoempoderamento, espiritualidade e criatividade trazidas por essa mudança, somos mais capazes de acolher qualquer desafio e de dar as boas-vindas a essa nova e excitante fase da vida. O Sagrado Feminino demonstra às mulheres da pré-menopausa e da pós-menopausa como mudar, e a beleza que há nessa mudança.

A pós-menopausa não significa envelhecer, significa crescer.

As mudanças da menopausa não deveriam ser problemáticas, mas sim compor uma fusão harmoniosa de todos os aspectos de nossa feminilidade, na direção da Unidade.

Então, como o Sagrado Feminino e a Bênção do Útero nos ajudam?

Nestes tempos de constante mudança e estresse global, conectar-se com o Sagrado Feminino – reconhecendo que Ele está em nossos corpos e sentindo a presença Dele em nossos ciclos menstruais, nos ciclos da terra e nos ciclos da vida – ajuda a trazer alívio ao caos da vida moderna. Vemos que há um caminho feminino natural que é diferente das expectativas sociais, e que envolve reconhecer:

- que nós mudamos;
- que nas quatro fases de nosso ciclo somos mulheres diferentes com energias, necessidades e habilidades diferentes;
- que quando vivemos em sintonia com nossa feminilidade autêntica sentimos bem-estar, empoderamento e amor cada vez maiores.

O Sagrado Feminino nos mostra:

- que está tudo bem em mudar;

- que somos fortes e criativas o suficiente para fluir com Ele;
- que cada estágio de nossas vidas nos leva através de uma poderosa transformação, cheia de recompensas.

A sincronização da Bênção do Útero é uma forma maravilhosa de nos tornarmos mais conscientes do Sagrado Feminino dentro de nós e no mundo ao nosso redor. Por meio dessa consciência elevada, podemos sentir a orientação Dele em nossas vidas, à medida que trilhamos um caminho para nos tornarmos autênticas em nossa feminilidade, na direção do autoempoderamento, da autoaceitação e do amor-próprio. Cada Bênção do Útero é uma fusão de nossas energias e consciências com o Sagrado Feminino, de forma que podemos despertar e abraçar mais Dele em nós para aliviar a dor que vem do isolamento e da desconexão que sentimos em nosso coração.

A sincronização da Bênção do Útero também energiza nosso centro do útero, a fonte de nossa força e energias femininas, despertando os aspectos do Sagrado Feminino que foram encobertos ou estiveram adormecidos. Com cada Bênção do Útero, despertamos mais de nosso ser, descobrimos mais quem nós somos – nossos dons, paixões e nosso propósito na vida. Recebemos o amor e a coragem para vivermos fiéis ao nosso despertar.

Ao percorrer o caminho anual das sincronizações da Bênção Mundial do Útero e ao despertar e viver todos os aspectos de nossa feminilidade, a transição para a pós-menopausa passa a ser mais consciente, harmoniosa e graciosa. A Bênção do Útero ajuda as mulheres que já estão na pós-menopausa a se abrirem para todos os aspectos de sua feminilidade, a desfrutar desse estágio de suas vidas e a acolher e experimentar a beleza da Unidade.

Quando recebemos a Bênção do Útero, o estresse cotidiano, que deixa nossa mente enevoada, se desfaz e, por um instante, descansamos na luz da energia do Sagrado Feminino, que ilumina a nossa natureza autêntica. Voltamos para casa, para a Mãe Divina e para nós mesmas, suas filhas. Na luz Dela, rompem-se as barreiras e os bloqueios criados pelo estresse – curando nossos padrões de sobrevivência, medos e limitações que são tão facilmente despertos pelo ritmo da vida moderna. Ela nos preenche com um senso de centramento, de completude e de empoderamento, e faz com que nos sintamos amadas. Dessa forma, retornamos ao mundo novamente conscientes da presença Dela e podemos agir com base no amor, e não em sentimentos de isolamento e dor. À medida que Ela desperta aspectos de seu ser em nós, Ela nos ajuda a reconhecer a nós mesmas como reflexos do seu ser, e tudo o que nós somos também é sagrado nesse reflexo.

Em nossa sacralidade, sabemos que temos a força, a criatividade, a sabedoria e a intuição para atravessar calmamente as ondas de cada tempestade.

Capítulo 4
A Bênção do Útero: o despertar da energia feminina

Um dia, a Primeira Mulher decidiu visitar a Mulher Terra em sua caverna. Ao vê-la, elas se abraçaram, e a Mulher Terra indagou:

— Os passarinhos me contaram sobre a sua linda tigela. Eu poderia vê-la?

A Primeira Mulher abriu o manto que havia tecido com muitas cores e mostrou a sua tigela à Mulher Terra.

— Ah — disse a Mulher Terra. — Agora posso ver para que ela serve.

E, virando-se de costas, afirmou:

— Eu tenho um presente para você.

Quando a Mulher Terra voltou, ela segurava um pote de pedra cheio de tinta. Usando um pincel, ela desenhou alguns símbolos na barriga da Primeira Mulher.

— Eu lhe dou o poder do ar de criar os sonhos de seu coração — declarou ela enquanto desenhava.

— Eu lhe dou o poder do fogo de sustentar os seus sonhos de coração.

E enquanto traçava o terceiro símbolo, ela disse:

– Eu lhe dou o poder da água de trazer magia a seus sonhos.

E com o último símbolo, ela falou:

– E lhe dou o poder da terra de conhecer o seu próprio poder e os sonhos de sua alma.

A Mulher Terra se recolheu, satisfeita.

– Hmm – ela murmurou, e balançou a cabeça em afirmação.

Desembrulhando a Bênção do Útero

A sincronização da Bênção do Útero é uma partilha do amor e da luz do Sagrado Feminino feita por mulheres e dedicada a mulheres para o nosso despertar.

Descrever a Bênção do Útero tem sido um processo difícil – quando trabalhamos com a energia, trabalhamos além do mundo das palavras e habitamos o mundo dos sentimentos, da intuição, da sabedoria interior e da Unidade. A Bênção do Útero está se abrindo, como uma flor, e ainda estamos ampliando a consciência sobre sua beleza e seu propósito no mundo. O que começou com uma intenção e um presente de energia desabrochou e se tornou uma organização que ensina as mulheres a darem a sincronização e, combinada aos conceitos e ensinamentos práticos do livro *Lua Vermelha*, oferece às mulheres não somente um despertar, mas um entendimento de quem elas são, junto à orientação de como viver a melhor forma de vida que elas sintam merecer.

O mundo moderno gosta das definições e das certezas, mas o feminino é criativo, adaptável, fluido e mutável. A alegria e a maravilha da Bênção do Útero é vê-la se expandindo em novas direções e expressões, refletindo as necessidades das mulheres e a criatividade de todas as envolvidas.

Então, o que é a Bênção do Útero?

A Bênção é a primeira sincronização com a energia do Sagrado Feminino, designada especificamente para a estrutura energética das mulheres e focada nos quatro arquétipos femininos.

A sincronização eleva a vibração dos três principais centros de energia feminina e cria uma forte e profunda conexão à energia de amor e luz do Sagrado Feminino. Ela desperta todas as energias dos quatro arquétipos femininos e da feminilidade autêntica, um processo que começa com a sincronização e continua por um mês depois dela. A Bênção também conecta o útero à Lua e às estrelas. Ela energiza o centro do útero e restaura nossas energias femininas, alinhando mais plenamente a nossa natureza cíclica aos ciclos do feminino universal. Finalmente, ela ancora as mulheres mais fortemente na terra, conectando seus úteros à Mãe Terra – e chamando suas almas femininas de volta para elas.

A sincronização da Bênção do Útero é dada por meio de um grupo mundial que se conecta por uma ligação útero a útero, e também por meio das Bênçãos do Útero pessoais oferecidas pelas Moon Mothers.

A sincronização da Bênção do Útero é um caminho de despertar e de receber a energia do Sagrado Feminino, que é acessível a todas as mulheres, independentemente da idade, da condição física, das decisões de vida, etnias ou crenças. A comunidade da Bênção Mundial do Útero também recebe e inclui o apoio dos homens. As mulheres podem participar de todas as Bênçãos Mundiais do Útero e receber Bênçãos do Útero pessoais das Moon Mothers a cada mês, para criar um caminho rápido e de cura cada vez mais profunda, bem como um meio de desenvolvimento pessoal e espiritual.

Os presentes adicionais da sincronização da Bênção do Útero

Da mesma forma como ela eleva a nossa vibração e desperta a nossa feminilidade autêntica, a Bênção do Útero também nos oferece alguns presentes adicionais. Esses presentes são tantos como são as mulheres que recebem a sincronização, mas muitas das mulheres participantes experimentam:

- **Cura física:** a Bênção nos oferece uma cura profunda, especialmente ligada ao baixo-ventre, ao ciclo, ao nosso útero, aos ovários e às mudanças físicas associadas às mudanças hormonais.
- **Cura emocional e mental:** a Bênção nos ajuda a liberar o passado e a limpar velhas emoções, tensões e padrões, criando um apoio positivo para nosso corpo em sua cura. Ela também

pode nos ajudar a amar e aceitar mais nossa feminilidade, para sentir nosso propósito na vida e criar uma vida nova e melhor para nós.

- **Equilíbrio e harmonia do ciclo:** a Bênção pode nos ajudar a equilibrar o nosso ciclo menstrual e a trazer harmonia para as expressões emocionais e mentais de suas energias e dos arquétipos de cada fase.
- **Felicidade e alegria:** a Bênção nos ajuda a liberar a culpa e as restrições que nos são colocadas, para trazer um senso de validação própria e liberdade e para desenvolver conexão e orientação espiritual.
- **Paz e restauração:** a Bênção nos propicia um santuário de paz, para nos retirarmos de um estressante mundo masculino, trazendo a restauração do feminino e sua integração em nosso interior.
- **Energias criativas e sexuais recarregadas:** a Bênção cura o vínculo com a Mãe Terra, frequentemente quebrado pelo ritmo alucinante da vida moderna, de forma que o nosso centro do útero naturalmente possa preencher-se de novo, com suas energias criativas e sexuais.
- **Vitalidade:** a Bênção energiza nosso centro de energia do útero, com frequência esgotado, fazendo com que nos sintamos revitalizadas, centradas e completas.
- **Sacralidade de nosso corpo:** a Bênção nos conecta profundamente à luz da lua, de forma que possamos aumentar a nossa consciência da expressão do Sagrado Feminino por meio de nosso corpo, nossos ciclos e dos ciclos da lua e do Universo.
- **Empoderamento:** a Bênção desperta nossa autoconfiança e nossa força interna, empoderando-nos para que possamos crescer em nossa feminilidade e criar uma vida melhor para nós mesmas.

Os benefícios de trilhar o caminho da Bênção do Útero

Receber regularmente as sincronizações da Bênção do Útero nos ajuda a **permanecer conectadas** aos aspectos recém-despertos de nossa natureza autêntica, em um mundo que constantemente ameaça nos desconectar. Isso nos ajuda a continuar sentindo **prazer, felicidade e bem-estar**, sentimentos que vêm do viver em harmonia com a nossa natureza autêntica.

A Bênção do Útero e os meus livros *Lua Vermelha, The Optimized Woman* (*A Mulher Otimizada*) e *Spiritual Messages for Women* (*Mensagens espirituais para mulheres*) complementam e apoiam uns aos outros. A sincronização da Bênção do Útero é **a via para que nós despertemos** os aspectos escondidos e adormecidos de nossos quatro arquétipos femininos, e meus livros mostram **como nós podemos viver** a vida cotidiana trazendo pequenas contribuições para criar harmonia com nossa natureza autêntica, de forma que possamos estar conectadas e crescer na expressão de nossa verdade e em nosso bem-estar.

A comunidade de mulheres da Bênção Mundial do Útero

A comunidade da Bênção do Útero cresceu do desejo das mulheres de alcançar umas às outras ao redor do mundo e compartilhar seu amor, sua esperança, suas lágrimas e alegrias – e também suas fotos! Compartilhar a nossa natureza cíclica e sentir que ela é validada evita o isolamento que todas podemos sentir por expressar verdadeiramente nossas energias femininas em nossas vidas cotidianas.

É realmente impressionante acompanhar as histórias individuais, o crescimento das mulheres e ver como a Bênção do Útero pode mudar vidas. Dessa forma, nos inspiramos para permanecermos conectadas ao caminho da Bênção do Útero. Descobrir como as mulheres estão vivendo e expressando sua natureza autêntica, e como elas estão criando os grupos de Bênção Mundial para espalhar a Bênção do Útero nos inspira a fazer o mesmo e a transformar não somente as nossas vidas, mas também as vidas de outras mulheres.

Nessa comunidade, há mulheres de todas as idades e de todos os contextos, com uma riqueza de paixões, criatividade, inspiração, conhecimento, vida, experiência e treinamento. Se precisamos de ajuda, a comunidade está disponível para nós. A Bênção do Útero sempre cresceu de forma orgânica e baseada nas necessidades das mulheres – podemos ser parte desse crescimento e criar a comunidade que desejamos.

A Bênção do Útero é um objetivo mundial compartilhado

O objetivo da Bênção do Útero é muito simples: ajudar todas as mulheres no mundo a despertar para a sua feminilidade autêntica.

Nós apoiamos, de forma amorosa e compreensiva, todas as mulheres em seu crescimento pessoal e despertar, proporcionando-lhes cura e empoderamento por meio da partilha do conhecimento de sua natureza cíclica e dos quatro arquétipos femininos. Nós desejamos ajudar as mulheres a gerar sucesso, realização e abundância através de sua expressão pessoal e da aplicação de sua feminilidade autêntica, criando um legado para as futuras gerações.

Também validamos homens em seu próprio caminho de despertar para sua natureza autêntica.

A comunidade da Bênção do Útero funciona como uma ponte que conduz as mulheres desde uma percepção social do mundo atual para um mundo novo, de feminilidade autêntica. As mulheres da própria comunidade são as guias – cada guia tem seu próprio conhecimento e compreensão, e por isso existem tantos caminhos para cruzar a ponte, como são tantas as mulheres que desejam atravessá-la.

Exercício: Vamos tentar?

Curiosa? Descubra por si mesma qual será a sua percepção da Bênção do Útero!

Eu gostaria de convidá-la pessoalmente para se registrar para a próxima Bênção Mundial do Útero e então compartilhar sua experiência com outras mulheres, para inspirá-las a iniciar seu próprio caminho de cura e despertar.

Compartilhar o convite para se registrar é uma forma para que todas nós alcancemos muitas mulheres que se sentem perdidas em suas vidas, que não sabem quem elas são ou o porquê de se sentirem assim. É uma maneira de responder positivamente ao apelo global de úteros e corações, e assim demonstrar que as compreendemos, que nos amamos e cuidamos, e que esse é um caminho para que nos sintamos completas, amadas e fortes, e assim consigamos mudar o mundo para melhor.

Procure a página www.wombblessing.com e clique no link "Registro".

A Bênção do Útero: um retorno para a feminilidade autêntica e a plenitude da alma

Nossa feminilidade autêntica é o padrão da feminilidade original que vive em nossos corpos, nossas células e nosso DNA. É o esquema da natureza feminina que habita o lar de nossa alma – o centro de energia do útero.

A alma feminina expressa o Sagrado Feminino através de quatro energias e quatro níveis de consciência, que fluem do centro do útero e são a guia para nosso coração, para nossos sentimentos e todos os processos de pensamento. Essas energias oscilam e fluem com o ritmo universal da Feminilidade Cíclica. Quando agimos e pensamos em harmonia com nossa feminilidade autêntica e vivemos mais em sintonia com o fluxo de energia e consciência, nosso coração se abre em alegria, bem-estar e felicidade de ser quem nós realmente somos.

**O prazer amoroso é o que nos guia de volta
à nossa feminilidade autêntica
e nos orienta sobre como vivê-la no mundo cotidiano.**

A sincronização da Bênção do Útero nos ajuda a desvelar nossa feminilidade autêntica, limpando as restrições e as camadas de separação que têm escondido a nossa forma verdadeira, permitindo que os aspectos do padrão da nossa alma feminina sejam revelados para serem acolhidos e vividos de forma consciente.

**Cada Bênção do Útero nos ajuda a
limpar regularmente qualquer novo nível de separação
criado pela cultura moderna.**

A Bênção do Útero também traz a nossa consciência cotidiana de volta a nosso útero – ao centro de nossa alma feminina. Quando o senso de quem nós somos está centrado em nosso útero e conectado à energia da terra, nosso útero abre o nosso centro do coração, e então nós vivemos, pensamos e agimos por meio do amor. O amor libera nossas barreiras internas e nos abre, tornando-nos receptivas. Com essa receptividade, podemos nos abrir para a luz e o amor do Sagrado Feminio, e permitir que Ele nos preencha, liberando a dor de nossos corações e o sentimento de separação. Vivemos a vida não com a cabeça, mas com nossa **alma do útero**, sentindo que somos capazes de compartilhar com os outros o nosso verdadeiro Ser.

Bênção Mundial: um grupo de almas despertando e se curando

Em cada Bênção Mundial do Útero, pedimos às mulheres que escolham um horário, dentre as quatro opções oferecidas, para se registrarem e receberem a sincronização da Bênção. Em cada horário escolhido, as mulheres que fazem parte estão conectadas, unidas por uma ligação de útero a útero pela energia de suas almas. A sincronização da Bênção do Útero enviada a elas purifica os bloqueios, restrições e padrões que elas **têm em comum** e desperta os mesmos aspectos de suas energias femininas arquetípicas dos quais **todas** elas estão desconectadas. Os aspectos que são despertados são os mais importantes para aquele grupo.

A Bênção Mundial do Útero é como uma orquestra, em que as energias individuais de cada mulher são unificadas para despertar e liberar uma linda sinfonia – um padrão específico de energias femininas – para cada uma delas.

Bênção do Útero pessoal: um despertar e uma cura individual

As Moon Mothers são treinadas para oferecer às mulheres uma versão individual da sincronização da Bênção Mundial do Útero, em sessões particulares. Essas Bênçãos pessoais podem ser recebidas a qualquer momento entre as datas de Bênção Mundial do Útero, uma vez por mês. As Bênçãos pessoais focam em purificar os padrões que, individualmente, aquela mulher **mais precisa curar**, e despertam os mais importantes aspectos das **suas** energias arquetípicas femininas. É como ser um solista, de pé com o facho de luz em você, criando a sua canção única. A sincronização da Bênção do Útero pessoal pode trazer uma cura rápida e muito profunda, resultando em mudanças imensas e imediatas na vida da mulher.

Ambas, a Bênção Mundial do Útero e a Bênção do Útero pessoal, são profundamente transformadoras e são especificamente desenhadas para trabalhar juntas e ajudar as mulheres.

Exercício: Acolhendo sua alma do útero como o lindo centro de seu ser

A essência de quem nós somos como mulheres está no nosso centro do útero e é a nossa alma do útero e suas energias que afetam e guiam nossos corações, nossos pensamentos e nossos sentimentos.

Quando enxergamos o útero como a fonte de amor que abre nosso coração e preenche a nossa mente, quando estamos aterradas em nossa feminilidade e sentimos a força e o poder que é nosso direito de nascença, então caminhamos, amamos e pensamos a partir do centro do útero.

Feche seus olhos e traga a consciência para seu baixo-ventre e para o centro de sua alma do útero.

À medida que você inspira, relaxe essa área e veja ou sinta uma linda e delicada rosa cor de pêssego no seu centro do útero. Ela tem cinco pétalas que se abrem radiantes e amorosas, em resposta à sua atenção.

Perceba como você se sente.

Perceba como você começa a relaxar.

Perceba qualquer sensação física.

Perceba como o seu coração se sente à medida que você foca na rosa cor de pêssego em seu centro do útero.

Desfrute da experiência pelo tempo que desejar.

Para terminar o exercício, faça uma respiração profunda, mova os dedos das mãos e dos pés e abra seus olhos.

Tome consciência da rosa, de seu útero e de sua conexão útero-coração que se projeta ao mundo.

As ativações da sincronização: abrindo sua cabeça, coração e útero

A técnica de sincronização da Bênção do Útero, usada tanto nos eventos mundiais como nas Bênçãos pessoais, consiste em uma série de ativações. Elas foram criadas ao fundir métodos energéticos de diferentes tradições, observando como a energia flui por meio do ciclo da mulher e seguindo a inspiração e a orientação do Sagrado Feminino, no coração e no útero, em momentos de quietude em meio a esse agitado mundo moderno.

Por meio de respirações e transmissões de energia, os três principais centros de energia na cabeça, no coração e no útero recebem a vibração da Bênção do Útero que vem do amor e da luz do Sagrado Feminino. Diferentemente de outros sistemas energéticos, como o sistema de chacras, esses centros de nível energético profundos se conectam diretamente uns aos outros. À medida que a vibração desses centros de energia muda, nós também mudamos em consciência, e assim velhos padrões são liberados, reaproximando-nos de nossa natureza autêntica. É essa poderosa vibração, ainda que suave, que cria transformação ou despertar.

A Bênção do Útero começa com **uma ativação no centro energético que está no fundo de nosso cérebro** e que é a conexão entre nosso corpo e a luz do Sagrado Feminino. Ela eleva a vibração do centro, abrindo-o para a Luz Universal, trazendo a beleza e a pureza da Feminilidade Universal por meio da projeção de seu aspecto de lua cheia em nossa consciência pessoal.

A segunda ativação é feita no centro energético do coração e ancora a suavidade e o esplendor da Compaixão Universal e do Amor, de novo por meio do Sagrado Feminino em seu aspecto de lua cheia. À medida que nosso coração é preenchido com essa energia, somos capazes de nos abrir e aceitar tudo, liberando o medo e a culpa que carregamos em relação a sermos femininas e em relação às nossas vidas, trazendo sentimentos de amor gentil, aceitação e cura.

A terceira ativação é no centro energético do útero, elevando a sua vibração com a luz do Sagrado Feminino e abrindo-o para a expressão do Amor Universal por meio da luz da lua. Elevar a vibração libera as barreiras e a dureza dentro de nós, e nos permite abrir-nos, como uma flor, para a alegria. Isso traz a nossa consciência de volta ao centro do útero, que é o centro do nosso ser. Também libera as energias de nossa feminilidade autêntica, que foram bloqueadas ou desconectadas, trazendo harmonia e equilíbrio para o fluxo de energias que é o nosso ciclo feminino natural.

Um ano de Bênçãos: um caminho para a totalidade

Cada Bênção do Útero nos abre um pouquinho mais para o ritmo do Sagrado Feminino. Ao fluir através de nós, cada Bênção libera restrições e bloqueios ainda mais profundos, permitindo que mais aspectos de nossas energias femininas sejam curados e liberados à consciência.

Cada Bênção do Útero reenergiza nosso centro energético do útero, que é regularmente esgotado pela vida moderna, e fortalece suas conexões com a terra e com a lua, para nos manter enraizadas em nossas energias femininas e alinhadas com nossa natureza cíclica.

A cada ano, as cinco Bênçãos Mundiais do Útero nos ajudam a crescer com o fluxo e o refluxo do Sagrado Feminino. Elas nos ajudam a voltar ao nosso centro, nas estações dinâmicas de nossas vidas e de nossos ciclos, empoderando-nos para deixar ir as coisas que não nos servem mais e sentir-nos confiantes e preenchidas, no brilho do amor que vem de sentir-nos completas em quem nós somos.

A Bênção do Útero é ambos, um caminho e um santuário. A vida moderna não apoia a nossa natureza autêntica, de forma que o cotidiano acaba nos separando mais uma vez das energias que a Bênção do Útero despertou dentro de nós. Bênçãos do Útero regulares mantêm a nossa conexão com a nossa feminilidade autêntica, assim como despertam novos aspectos de nós mesmas. Receber uma Bênção é sentar-se em um santuário da lua, um oásis calmo e feminino em um mundo masculinizado.

> **As Bênçãos do Útero nos dão o suporte para
> vivermos cada dia como mulheres autênticas.
> Vivendo autenticamente, permanecemos centradas em nossos
> corações e empoderadas nas tempestades da vida.**

Uma abordagem criativa: como usar a Bênção do Útero em sua vida

Cada Bênção do Útero pode ser usada de forma criativa, dependendo do que trazemos a ela e de como desejamos usá-la.

Uma cura: restaurando a harmonia e o equilíbrio interior

Todas nós precisamos nos curar.

Precisamos curar nosso corpo e criar uma relação de aceitação e amor com ele e com suas mudanças. Precisamos curar e liberar o desequilíbrio e a desarmonia criados por nós mesmas, pelas relações e pelo mundo moderno. Também precisamos curar a linhagem feminina que está em nossas células. Podemos não estar conscientes de todos os níveis de cura trazidos pelo Sagrado Feminino, mas ela continua trabalhando em nossas vidas após a sincronização.

Uma terapia: abordagem singular e diferenciada

Cada vez que recebemos uma sincronização da Bênção do Útero, nos reconectamos com nossa força feminina, nossa criatividade e sexualidade – independentemente da idade. Com esse sentimento de reconexão e completude, seremos mais capazes de liberar o passado, deixar ir pensamentos limitantes e comportamentos assimilados, dissolver nosso estresse e retornar à liberdade de quem verdadeiramente somos. O resultado é que começamos a **responder** às situações de uma maneira diversa, a tomar decisões diferentes e a trilhar **novos caminhos de ação**.

Um caminho espiritual: dançando com o Sagrado Feminino

Cada Bênção do Útero é uma linda oração física que nos conecta mais profundamente ao Sagrado Feminino, envolvendo-nos na cura e no amor Dele. Voltamos a Ele como suas filhas, lembrando-nos de quem nós somos e abrindo-nos a níveis mais profundos de orientação, de *insight* e paz. Em cada Bênção, nós confiamos e permitimos que o Sagrado Feminino transforme o nosso caminho de vida e a forma como nós o trilhamos.

Um caminho de autodesenvolvimento: retorno à autenticidade

A sincronização da Bênção do Útero muda nossos níveis de energia, alterando o padrão de nosso pensamento, nossa consciência e percepção. A Bênção nos empodera para pensar, viver e agir de maneiras novas e divertidas, em sintonia com nossas energias femininas.

Um rito de passagem diário: liberando o passado para abraçar o futuro

A presença do Sagrado Feminino na Bênção nos lembra que não estamos sozinhas, que Ele viaja conosco na nossa vida e que, não importa o quanto as coisas sejam difíceis, tudo está bem. Receber a Bênção significa ajudar-nos a liberar mais o passado, aceitar o presente e dar o passo na direção do futuro com alegria, amor, força e autoconfiança.

Um rito de passagem transformador: acolhendo e celebrando os estágios da sua vida

A Bênção do Útero é um caminho maravilhoso e amoroso para tomar consciência das transformações da vida. É uma bela maneira de receber uma jovem menina na idade adulta, e uma forma empoderada de reconhecer a mágica transformação da menopausa e da maternidade. Também é uma maneira linda e empoderadora de reconhecer e aceitar a vida quando ela está preenchida de luto, descontentamento e mudanças desafiadoras.

Sobre os homens e a Bênção do Útero

No mundo ocidental moderno, no qual hoje esperamos encontrar igualdade, é fácil confundir igualdade com "ser igual". Os homens não têm a mesma estrutura energética das mulheres. Eles não têm as energias do ciclo menstrual e as habilidades perceptivas cíclicas que as mulheres têm. Eles não podem incorporar os quatro arquétipos femininos ou fundi-los em sua consciência em seus anos de maturidade. Eles também não têm a estrutura energética para sustentar a energia de duas almas em seus próprios corpos. Os homens têm energias arquetípicas diferentes – eles se conectam com a Divindade de uma outra forma, e sua percepção do mundo e expressão criativa são diferentes daquelas das mulheres, pois elas são percebidas sob um esquema de critérios diferentes no corpo masculino.

Muitas mulheres também perguntam: "Como conseguimos fazer com que os homens compreendam a natureza feminina, de forma a aceitá-la nas relações e no trabalho?"

O papel das mulheres não é somente mudar os homens, assim como o papel dos homens não é somente mudar as mulheres. Em vez disso, precisamos facilitar e validar as mudanças na consciência e na expressão das energias do sexo oposto, enquanto elas despertam para seu estado autêntico. À medida que nós mulheres começamos a despertar, a aceitar e a expressar nossa feminilidade autêntica, nossas energias femininas terão um efeito em nossos parceiros, familiares, colegas de trabalho e na sociedade. Estejam ou não conscientes das mudanças em nós, eles reagirão à nossa mudança energética, ou à forma diferente como faremos as coisas.

**O maravilhoso presente que damos aos homens é que,
à medida que nos tornamos mais autenticamente femininas,
lhes damos espaço para se tornarem autenticamente masculinos.**

O mundo ocidental moderno é de dominância masculina, mas não é autenticamente masculino. Ele está baseado nos padrões de medo primitivos que regem o status e a sobrevivência, "a falta e o ataque". Os homens também precisam ser livres para explorar o que significa ser autenticamente masculinos – e isso não envolve as mulheres dizendo a eles quem eles deveriam ser ou como eles deveriam se comportar! Os homens precisam trabalhar com seu próprio corpo, seus próprios hormônios, suas próprias percepções e ciclos de energia. Não podemos fazer isso por eles, pois *os sexos são diferentes*.

A mulher desperta, no entanto, pode oferecer aos homens o presente de uma experiência mais ampla do feminino e do sexo. Compreendendo as energias transformadas de sua parceira, e alinhando-se com elas, um homem aprofunda sua relação com a mulher, explorando uma experiência mais vasta do feminino e amplificando a consciência de sua masculinidade, em resposta à autêntica natureza cíclica dela ou à fusão das autênticas energias femininas da pós-menopausa. O ciclo da sua parceira se torna para ele uma jornada física de exploração interior, à medida que ela experimenta e expressa a sua natureza cíclica, empoderando-o a se conectar com diferentes níveis do seu ser. Na pós-menopausa, a fusão da sua parceira como Mulher Completa oferece a ele uma experiência única, não somente de interagir com a completude da feminilidade – simultaneamente e em uma única mulher – mas também de perceber como sua própria masculinidade muda em resposta ao efeito do poder, da magia, da beleza e da sabedoria de uma Mulher Completa.

Homens apoiando a Bênção

Na Bênção do Útero, temos um crescente número de homens que nos apoiam em diferentes níveis de envolvimento. Esses homens são chamados em seus corações a apoiar as mulheres em suas vidas, suas curas e seu despertar. É maravilhoso ver todo esse amor vindo dos homens envolvidos. Eles são companheiros, membros da família e amigos – homens que querem ver as mulheres despertas para sua autêntica natureza e que querem descobrir e explorar a maravilhosa jornada de viver com essas mulheres e amá-las em todas as suas expressões. Para os homens que vivem a espiritualidade, a expressão dos quatro arquétipos na mulher oferece uma relação pessoal interativa com o Sagrado Feminino, que os guia por meio do corpo feminino para a realização de sua própria e sagrada expressão do Sagrado Masculino.

A Bênção Mundial do Útero é orgânica em seu crescimento e desenvolvimento. A Meditação para os Homens, que hoje é usada na Bênção Mundial do Útero, é a resposta para inúmeros pedidos feitos por ambos, homens e mulheres, para que os homens participassem ativamente dos eventos de Bênção, enquanto suas parceiras, ou grupos, recebem a energia da Bênção.

Os homens também podem receber das Moon Mothers, que foram treinadas para isso, uma transferência pessoal de energia do Sagrado Feminino, chamada O Presente. Nessa técnica, a estrutura das ativações e transferências energéticas foi guiada por homens, e ela é disponibilizada tanto para homens quanto para garotos, para ajudá-los a se conectar com o Sagrado Feminino e a sentir a validação dele de sua masculinidade autêntica. Esse é também um portal para que os homens comecem a explorar sua própria relação com o Sagrado Feminino e está disponível à distância nas datas de Bênção Mundial do Útero – busque na internet os detalhes para o registro.

Sabedoria antiga para o mundo moderno

No passado, muitas culturas e tradições percebiam todas as coisas como expressões do Sagrado Feminino, e tudo o que era masculino como nascido do feminino. Assim como os mares e as estrelas são o corpo e a expressão da existência e do amor do Sagrado Feminino, o masculino também é uma expressão dele. Para aquelas entre nós que, devido à criação ou experiência de vida, são incapazes de se abrir, confiar ou se permitir serem vulneráveis às energias masculinas, talvez seja difícil experimentar a sexualidade sagrada que pode ser expressada com um parceiro masculino. Confiar na masculinidade divina também pode ser difícil para quem cresceu em uma religião repressiva à natureza feminina. Saber que o Sagrado Masculino é uma expressão da Sagrado Feminino talvez seja o início de uma cura.

Exercício: Encontrando o Sagrado Masculino

Na mitologia e nos contos folclóricos, o masculino aparece de várias maneiras. Seja como amante, pai, rei, guardião ou sábio – de alguma forma ele sempre se relacionará à Mãe, como seu filho. Assim como os arquétipos femininos podem ser simbolizados pelos animais nas histórias, o mesmo acontece com as energias do Sagrado Masculino.
Nessa meditação para mulheres, baseada na Meditação da Guardiã presente no livro *Lua Vermelha*, vamos usar a imagem do veado branco, conhecido nas histórias medievais como o "cervo branco" – mas você também pode usar a imagem do unicórnio branco ou do cavalo branco, se ressoarem melhor para você.
Sente-se confortavelmente.
Faça uma respiração profunda e traga a sua consciência para seu corpo.
Sinta o seu peso sobre a almofada ou a cadeira. Sinta o quão pesada você é.
Veja, saiba ou sinta que à sua frente se ergue a mais linda árvore. O seu tronco se separa em dois ramos principais, repletos de folhas de um verde

profundo, com pequenas flores brancas e frutos vermelhos como joias. Você sabe que essa é a sua Árvore do Útero.

A árvore está rodeada por um poço raso e suas raízes descem, aprofundando-se na água clara e cristalina.

A árvore se ergue em uma linda paisagem de verão, cheia de flores e plantas, pássaros e animais. A terra está banhada na luz dourada do sol, que é morna e acolhedora.

Enquanto você observa, o tronco da Árvore do Útero se transforma em um lindo cervo, que sai da árvore e caminha em sua direção, parando à sua frente. A pele Dele é de um branco puro e radiante, e seus chifres são largos, com nove pontas.

Você sente o chamado da magia Dele em seu coração, e devagar você entra no poço e caminha na direção de Sua beleza.

Completamente maravilhada, você eleva suavemente a sua mão para afagar o focinho do cervo, e vê que seus olhos são escuros e repletos de estrelas. A respiração dele é doce e cheia do perfume do verão.

Você coloca seus braços ao redor do pescoço Dele, sentindo o seu amor e a força masculina no calor dos músculos de Seu corpo. Todas as feridas e a dor conectada ao masculino que você carregava são liberadas no amor Dele, e você relaxa completamente no abraço Dele. Você se sente aceita em sua completude, totalmente amada, segura e protegida. Sinta as suas lágrimas levando embora, para o poço de água, a sua ferida e a ferida da sua linhagem feminina, para que seja purificada pela Mãe Terra.

Quando se sentir pronta, fique de pé novamente diante do cervo e abra o seu coração para Ele. Abra-se para aceitar o Sagrado Masculino na beleza da lua e na força e na energia vital da terra.

Pare um momento para pedir por orientação, ajuda ou proteção, e agradeça a Ele pelo seu amor.

Se desejar, você pode continuar a meditação, caminhando pela paisagem de verão ao lado do cervo.

Para terminar, traga sua consciência a seu centro do útero e à sua própria Árvore do Útero, em seu baixo-ventre. Veja, saiba ou sinta que as raízes da sua árvore crescem e se aprofundam na terra.

Faça uma respiração profunda e abra seus olhos.

Capítulo 5

Recebendo a Bênção Mundial do Útero

A Primeira Mulher sentou-se com os seus poderes, perguntando-se o que fazer. Ela então olhou para cima, para a Mãe Lua, e vendo que a sua face estava crescendo, ela foi ao Clã das Lebres. Ela ficou ali por uma semana, e elas lhe ensinaram suas muitas habilidades.

Quando a Mãe Lua mostrou a sua face plena, a Primeira Mulher foi ao Clã dos Cavalos, e ali lhe ensinaram como cozinhar e construir um lar para si mesma e para os outros.

Quando a face da Mãe Lua começou a declinar, a Primeira Mulher foi ao Clã das Corujas, e elas lhe ensinaram sua magia selvagem, até que finalmente a Mãe Lua lhe disse que era hora de ir embora.

A Primeira Mulher então descansou na caverna com o Clã dos Ursos, curando seu passado e observando o Universo dentro de sua tigela, até que a Mãe Lua surgiu novamente no céu e estendeu a sua mão à Primeira Mulher, para que ela a seguisse de volta à luz.

Os dias da Bênção Mundial do Útero

As Bênçãos Mundiais do Útero acontecem em cinco luas cheias no ano, e fazer parte de cada Bênção é trilhar um caminho para o despertar feminino, sendo rodeada por uma família criativa e amorosa de mulheres que pensam como você.

Oferecer as sincronizações da Bênção do Útero para o maior número de mulheres ao redor do mundo sempre foi um chamado de coração. Por essa razão, a Bênção do Útero é oferecida em quatro horários, para fazer com que ela seja o mais acessível possível em diferentes zonas. Receber a Bênção Mundial do Útero é gratuito, e a administração e organização é sustentada por doações gentis e voluntários maravilhosos, especialmente pelas inúmeras voluntárias tradutoras que oferecem a informação e as meditações em um número crescente de línguas.

**A Bênção Mundial do Útero não pertence
a nenhuma tradição ou religião específica.**

O Sagrado Feminino nos pede para que criemos com ele uma relação única, considerando nossos desejos e interesses, bem como nossa criação, experiência e cultura. Essa relação precisa ser fundamentada na consciência pessoal que temos das energias dele. Para isso, usamos as palavras, as imagens e os nomes que ressoem em nosso coração. Mulheres das mais diferentes religiões, ou de nenhuma religião específica, uniram-se a nós e ganharam sua própria experiência de feminilidade autêntica por meio das Bênçãos Mundiais do Útero.

Os dias escolhidos para as Bênçãos Mundiais do Útero correspondem às estações, refletindo as energias da Mãe Terra e a conexão dela com a energia do centro do útero e as energias cíclicas das mulheres. Cada dia de Bênção do Útero acontece na lua cheia (ou próximo a ela), momento em que a plenitude da luz do Sagrado Feminino está radiante no mundo. Nós, mulheres, somos filhas de ambas, da Mãe Terra e da Mãe Lua – nós sustentamos as energias de ambas em nosso centro do útero, e fluímos como reflexo dos ciclos delas.

Como a Bênção do Útero teve início no hemisfério norte, na Inglaterra, as datas escolhidas são as das luas cheias dos meses dos principais festivais sazonais celtas:

Lua cheia de fevereiro
Lua cheia de maio

Lua cheia de agosto
Lua cheia de outubro
Lua cheia de dezembro

O povo celta vivia em sintonia com a terra e honrava o Sagrado Feminino. Seus festivais seguiam as estações da terra: Imbolc, no dia 2 de fevereiro, inicia a primavera; Beltane, no 1º de maio, inicia o verão; Lammas, no 1º de agosto, inicia o outono; e Samhain, no 31 de outubro, inicia o inverno. A quinta Bênção do Útero do ano acontece na lua cheia mais próxima do solstício de inverno.

No entanto, **a Bênção do Útero *não é* de uma cultura específica**, e há muitas tradições que têm diferentes nomes e associações para as luas cheias dos meses da Bênção do Útero: por exemplo, o mês de maio também é conhecido como o "Mês das Flores" ou a "Lua do Dragão" em algumas culturas nórdicas.

Na vida moderna, somos frequentemente desconectadas dos ritmos da natureza. Ao perceber e expressar, por meio de nossos corpos femininos, os ciclos da terra onde vivemos, também podemos viver mais conscientes da conexão pessoal que temos com os ciclos do Universo.

Para o hemisfério sul, o calendário das estações é invertido, por isso as luas cheias nos meses de Bênção Mundial do Útero expressam aspectos opostos do Sagrado Feminino.

Exercício: Faça da sua próxima Bênção Mundial do Útero uma celebração sazonal

Nem todos vivem em um clima temperado que evidencia as quatro estações. À medida que a Bênção do Útero se aproxima, perceba a estação ao seu redor: como está o clima, como as plantas estão crescendo e como você se sente.

Dê um nome para a lua cheia de cada Bênção, seja ele advindo da sua própria tradição cultural ou das suas observações da natureza.

Se desejar, crie um pequeno altar para a Bênção do Útero, que expresse as energias da estação atual, as imagens femininas e animais associados a ela, bem como os seus sentimentos a respeito dela.

Se você está conduzindo um grupo de Bênção Mundial do Útero, peça às mulheres que fazem parte para que tragam algo que expresse as energias da estação para o centro do cômodo ou do espaço, e que tragam comidas tradicionais dessa época ou da estação. Decore o espaço com cores, flores e plantas da estação.

Compartilhando o Sagrado Feminino com outras mulheres

Muitas mulheres têm dificuldades em encontrar realização espiritual ou propósito em suas vidas, mas quando nos conectamos com o Sagrado Feminino podemos escutar a voz Dele em nossos corações, chamando-nos à ação para ajudar outras mulheres. Ele também nos chama para curar a terra onde vivemos e para despertá-la, de forma que as energias do Sagrado Feminino possam envolvê-la por completo, assim como tudo o que vive nela.

No dia da Bênção Mundial do Útero, as mulheres participantes se conectam por meio de seus centros do útero para criar uma rede de energia do Sagrado Feminino ao redor do mundo. Após receberem a Bênção, as mulheres têm a oportunidade de usar essa rede de úteros interligados com a Meditação da Partilha, para enviar amor e luz ao Sagrado Feminino para todo o planeta. O evento não é somente para dar, mas como todas as mulheres que participam estão conectadas, nós também recebemos, ao mesmo tempo em que enviamos.

A alegria de contar com a tecnologia moderna é que as mulheres da família da Bênção do Útero podem viver em lugares remotos e ainda assim sentirem que não estão sozinhas em seu despertar, explorar e expressar das energias femininas. A Meditação da Partilha contribui para sentir essa conexão e um senso de pertencimento, e assim ajudar essa família mundial.

Transformando o mundo – uma mulher de cada vez

Toda mulher que participa da Bênção Mundial do Útero tem um papel ativo no despertar das energias femininas autênticas nos corações, mentes e úteros das mulheres, e também em mudar o mundo. À medida que cresce o número de mulheres que participa dos eventos mundiais, a energia compartilhada aumenta, criando uma cura mais profunda, um despertar mais rápido e um aprofundamento da conexão consciente com o Sagrado Feminino.

**Temos visto que
à medida que cresce o número de mulheres
fazendo parte das Bênçãos Mundiais do Útero,
a energia compartilhada tem sido maior
e mais elevada, com efeitos mais profundos.**

Mesmo se no dia da Bênção do Útero só pudermos fazer parte da Meditação da Bênção do Útero e da Meditação da Partilha por poucos minutos, nós não somente receberemos a energia do Sagrado Feminino em nossos corpos e em nossas vidas, mas também causaremos um impacto pessoal na vida de muitas mulheres ao redor do mundo.

Nós mulheres fomos limitadas por tanto tempo que agora há um chamado profundo entre nós, para que sejamos as parteiras do nascimento de um novo mundo, onde o masculino e o feminino sejam autênticos e vivam de uma forma respeitosa, honrosa e harmoniosa.

Exercício: Registre-se para a próxima Bênção Mundial do Útero

Para se registrar e fazer parte da próxima Bênção Mundial do Útero, vá à página www.wombblessing.com e clique no link "Registro".
Você precisará preencher o seu nome, endereço de e-mail, país e a língua de preferência. Também pedimos que você escolha em qual dos quatro horários do dia você deseja receber a energia da Bênção do Útero. Por favor, repare que os horários fornecidos são os horários do Reino Unido – você precisará descobrir o horário correspondente em sua zona.
A informação que você insere me fornece um foco para enviar a sincronização para você – e também assegura que você seja lembrada para se registrar para o próximo dia de Bênção Mundial do Útero.
Se você está participando em um grupo, ainda assim precisa registrar seus detalhes individuais na página, escolhendo o horário em que o grupo estará se encontrando para receber a Bênção do Útero.
Você precisará se registrar separadamente para cada Bênção Mundial do Útero de que desejar participar.

O dia da Bênção do Útero: como participar

Para receber a Bênção do Útero, você precisa simplesmente:

1. Fazer o registro em um dos quatro horários disponíveis para receber a sincronização da Bênção do Útero.
2. Fazer o download das instruções sobre o que fazer no dia. Os documentos estão disponíveis no site em várias línguas.
3. Fazer o download da Meditação do Arquétipo, adicional – você encontrará mais informações sobre as meditações no próximo capítulo.
4. Reunir os itens que você precisa para participar – estão listados na próxima seção deste capítulo.
5. Sentar-se confortavelmente, no seu horário escolhido, ler a Meditação da Bênção do Útero e relaxar para receber a Bênção. Após vinte minutos, você pode fazer a Meditação da Partilha e as meditações adicionais, se desejar.
6. Terminar comendo e bebendo bem, em celebração.

A Bênção Mundial do Útero pode ser recebida em qualquer lugar: em um quarto, em um escritório, sozinha ou com outras pessoas, em um parque, na praia, na natureza ou em um local público.

Após a primeira Bênção Mundial do Útero, as mulheres espontaneamente começam a criar grupos regulares para partilhar a energia. Então, siga seu coração e intuição para criar o seu próprio grupo. Alguns grupos são pequenos, alguns privados, outros são grandes eventos públicos ou acontecem na internet ou em mundos virtuais. A Bênção Mundial do Útero está crescendo de um modo feminino, orgânico, por meio da impressionante paixão, inspiração e criatividade das mulheres que são chamadas a fazer parte.

Seu *kit* da Bênção do Útero!

A Meditação da Bênção do Útero vai levar vinte minutos, e a Meditação da Partilha levará de dez a quinze minutos adicionais. Essas duas meditações são o cerne da Bênção Mundial do Útero e permanecem as mesmas em todos os eventos. Veja a roda de horários no Apêndice.

Para participar, você vai precisar de:

- **Duas pequenas "tigelas do útero".**

Essas tigelas precisam ser à prova de água e de fogo. Elas podem ser simples utensílios cotidianos de cozinha, como tigelas de cereal, ou podem ser tigelas especiais que você escolhe e mantém somente para este propósito.

Uma tigela é preenchida com água, representando as Águas Vivas de nosso útero. Essa água absorve a energia da Bênção do Útero, e as participantes bebem a água ao final da meditação.

Uma pequena vela é colocada na outra tigela e acesa, para representar a Luz do Sagrado Feminino que carregamos em nosso útero.

- **Uma cópia da meditação da Bênção do Útero** e da Meditação da Partilha, ou o download de uma versão de áudio.
- **Algo bom para comer e beber** após a Bênção.
- **Uma cadeira com encosto**, ou almofadas no chão.
- **Um xale para ser usado**. O xale ajuda a criar um espaço sagrado a seu redor e a focar a consciência em seu interior.

Antes da sua Bênção Mundial do Útero

- Encontre ou compre duas tigelas para usar como tigelas do útero. Se tiver tempo, escolha algo que reflita os seus sentimentos sobre o seu útero e a sua feminilidade, sobre a Bênção e o Sagrado Feminino. Busque cores, padrões e formas de tigelas que expressem seus sentimentos.
- Compre ou faça um xale especial para usar na Bênção do Útero. Talvez você queira escolher uma cor que reflita os seus sentimentos a respeito do Sagrado Feminino ou que expresse a fase atual do seu ciclo menstrual.
- Faça uma playlist com as suas canções favoritas para ter como fundo musical durante a meditação.
- Escolha um perfume ou óleo essencial que expresse a sua fase do ciclo ou a estação para usar durante a meditação.
- Escolha itens para decorar o cômodo ou o altar e criar um espaço sagrado para receber a Bênção.
- Imprima as meditações a serem utilizadas ou faça o download do áudio.
- Prepare algumas comidas relacionadas à lua para comer na celebração pós-Bênção.
- Se desejar, faça a meditação Mexendo o Caldeirão (Capítulo 2) por alguns dias antes da Bênção, para que ajude você a se conectar com seu útero como forma de preparação.

Durante a Bênção

Para começar:
- Sente-se confortavelmente com suas tigelas do útero à sua frente.
- Coloque um pouco de água potável na tigela do útero à sua esquerda. Então, se for seguro fazê-lo, acenda a vela da tigela do útero da sua direita.
- Envolva-se com o seu xale.
- Tenha os textos para as meditações à mão.

No seu horário escolhido:
1. Leia devagar a **Meditação da Bênção do Útero**, dando-se tempo para visualizar ou sentir cada passagem dela.
2. Sente-se de forma relaxada e esteja aberta para receber a Bênção por até vinte minutos após o horário escolhido. Por exemplo, se o seu horário escolhido for às 6h, você receberá até as 6h20.
3. Abra os olhos. Se desejar fazer as meditações adicionais depois da Bênção do Útero, siga as instruções do texto disponível para download após seu registro no *site*.
4. Para finalizar, mova os dedos das mãos e dos pés e faça uma respiração profunda. Lentamente, beba a água da sua tigela do útero, conectando-se com a energia absorvida por ela.
5. Mova-se muito suavemente e coma ou beba sua comida especial como forma de celebração da presença física do Sagrado Feminino.
6. A sincronização da Bênção do Útero pode trazer um pequeno *detox*, então assegure-se de beber mais água durante o dia da Bênção do Útero e no dia seguinte.

Os dias de Bênção do Útero são dias muito especiais. Nós nos abrimos para a presença do Sagrado Feminino e nos conectamos com milhares de mulheres ao redor do globo para despertar as energias dele uma vez mais no mundo e nos corações e mentes de todos. Para algumas de nós, a experiência pode ser física, para outras, visual ou emotiva, e para outras, pode ser uma experiência de paz e de profunda orientação.

É importante sermos gentis com nós mesmas durante o dia de Bênção do Útero – entramos em um espaço sagrado, e por um momento nos sentamos na presença do Sagrado Feminino. Dessa forma, a transição de volta para o barulho e para as atividades da vida cotidiana pode ser percebida como um pequeno choque.

Exercício: Conduza o seu próprio grupo de Bênção Mundial do Útero!

Qualquer mulher pode conduzir um grupo de Bênção Mundial do Útero – e quanto mais formos criativas e singulares, melhor!
Quando recebemos a Bênção Mundial do Útero em um grupo, podemos ter uma experiência profunda das energias e nos sentirmos seguras e sustentadas ao trilhar o nosso caminho da Bênção do Útero.

> Não importa se no grupo somos duas ou cem mulheres:
> a energia sempre é potencializada.

Estar em um grupo de mulheres é algo que ressoa em nossos úteros e nossas energias femininas, e já é hora de trazer de volta essa experiência ao mundo masculino. Por isso...

Comece com algo pequeno – especialmente se você nunca conduziu um grupo de mulheres antes.

Peça às mulheres que tragam uma amiga.

Diga às mulheres que a Bênção do Útero é uma jornada de cura e despertar, e encoraje-as para que participem de todas as cinco Bênçãos.

Lembre as mulheres de quando será a próxima Bênção Mundial do Útero.

Diga a elas qual é o horário para o qual elas precisam se registrar, se quiserem participar do seu grupo, e o endereço da página em que devem fazer o registro.

Faça uma lista de tarefas.

Confie em seu coração e tenha coragem.

A Bênção Mundial do Útero é gratuita, mas você pode cobrar uma pequena taxa para pagar por itens como aluguel do espaço, materiais impressos, alimentos, água, flores ou qualquer outro gasto necessário para conduzir o seu evento.

Perguntas comuns a respeito da Bênção Mundial do Útero

Como nos sentimos com a Bênção do Útero?

Todas somos únicas em nossa maneira de experimentar nossos corpos, ciclos e energias, e na nossa relação com o Sagrado Feminino. Algumas mulheres são muito conscientes de seus corpos e podem ter sensações físicas. Para aquelas de nós que somos mais conscientes dos aspectos sentimentais, é possível experimentar amor, alegria, paz, expansividade, aterramento ou emoções profundas, à medida que liberamos velhos padrões. Se somos visuais, é possível "ver" cores, cenas e imagens.

Cada Bênção pode ser uma experiência diferente, já que nossas energias estão em constante mudança e nos tornamos cada vez mais abertas e conscientes de nossas energias femininas em todos os níveis.

**A energia da Bênção do Útero é constante:
ela não muda com a estação, com a fase da lua ou
com a nossa fase menstrual, mas *a nossa experiência*
da Bênção do Útero pode mudar de acordo com esses ciclos.**

A Bênção nos pede para nos abrirmos ao Sagrado Feminino, e especialmente para abrirmos os nossos úteros. Para algumas de nós, isso pode ser desafiador. Alguns traumas – físicos, emocionais ou mentais – podem ser mantidos na região do baixo-ventre, e podemos então resistir a relaxar e a abrir essa área de nosso corpo. À medida que recebemos mais Bênçãos do Útero, descobrimos que somos capazes de relaxar mais e nos abrir mais facilmente, e começamos a nos sentir mais confortáveis com essa área de nossos corpos – isso nos permitirá experimentar a Bênção com maior plenitude.

Preciso fazer algo em especial?

Para receber a Bênção você precisa simplesmente ler a Meditação da Bênção do Útero, registrar-se para o horário escolhido e relaxar para receber o despertar. Você não precisa de nenhuma técnica de respiração diferente, de posições de mão como mudras ou posturas corporais especiais. Você não precisa visualizar em mínimos detalhes a meditação, ou usar toda a sua força de vontade e foco para forçar as coisas a acontecerem. Nossa intenção e relaxamento durante a meditação são o suficiente para receber a energia.

Eu vou mudar? Eu vou me curar?

No momento em que recebemos a energia da Bênção, nós mudamos – estejamos conscientes disso ou não. As mudanças que as sincronizações da Bênção do Útero trazem podem ser dramáticas, ou podem ser graduais no decorrer dos meses ou anos. A Bênção pode moldar quem nós somos, como nos sentimos, o que fazemos e como vivemos, e pode nos inspirar a levar essa consciência e permitir que ela cresça em nossas vidas.

Não podemos prever como cada Bênção do Útero irá nos afetar, e não podemos direcioná-la para curar ou mudar nada em específico. Pode ser que haja algo mais importante a ser curado antes, e que não estejamos conscientes disso. A energia da Bênção é o Amor do Sagrado Feminino, e por isso todas as transformações são criadas por ele, para o mais elevado bem divino e de acordo com o Amor Divino.

Posso mudar as palavras das meditações?

É importante usar as palavras das meditações assim como estão escritas, independente de estarmos sozinhas ou em grupo. A Meditação da Bênção do Útero é um processo energético, específico para a estrutura energética feminina, e desenhado para preparar a mulher para receber a sincronização da Bênção do Útero. Se as palavras são alteradas, você terá uma boa meditação – mas não receberá a transformadora sincronização da Bênção do Útero.

Além disso, à medida que mais e mais mulheres ao redor do mundo usam as mesmas palavras, a meditação está ficando cada vez mais forte, o que faz com que seja mais rápido e mais fácil para qualquer mulher que participa – seja ela iniciante ou experiente em meditação – se conectar profundamente à vibração da energia do Sagrado Feminino que é trazida pela Bênção do Útero.

Quem pode participar?

A Bênção do Útero está disponível para todas as mulheres, não importando a sua idade, seja nos eventos de Bênção Mundial, seja dada pessoalmente por uma Moon Mother.

Jovens meninas

Jovens meninas podem participar das meditações, mas, para se registrar e receber a energia da Bênção do Útero, elas precisam ter tido a sua primeira menstruação.

Participar da sua primeira Bênção Mundial do Útero é uma maneira maravilhosa para que a jovem celebre a sua passagem de menina para mulher adulta.

Mulheres que fizeram histerectomia

Mulheres sem útero também podem participar da Bênção, porque elas ainda têm o centro de energia do útero, e ainda incorporam os quatro arquétipos femininos.

Mulheres pós-menopausa

Para as mulheres na pré-menopausa ou que já estão na pós-menopausa, a Bênção do Útero é uma forma poderosa de se conectar com as energias e aspectos de todos os arquétipos, especialmente aqueles que se perderam ou não foram realizados em nossas vidas. Dessa forma, podemos caminhar suave e elegantemente ao estágio de Mulher Completa, quando chegarmos a esse estágio da vida.

Mulheres grávidas

As mulheres grávidas podem receber a sincronização da Bênção Mundial do Útero. A energia é enviada de uma forma que permite ao bebê escolher se ele deseja ou não recebê-la. Para orientações em relação ao recebimento de uma Bênção do Útero pessoal, por favor, pergunte à sua Moon Mother.

Identificação sexual

Qualquer pessoa que sinta ressonância com a Meditação da Bênção do Útero, independentemente de sua orientação ou identidade sexual, pode ter acesso à sincronização da Bênção do Útero. Isso porque a meditação é o método pelo qual você se prepara para abrir o presente da sincronização da Bênção do Útero.

Se você sente em si uma mudança, em energia ou consciência, ao fazer a meditação da Bênção do Útero, isso indica que você é capaz de se conectar energeticamente com ela, e talvez você deseje se unir à próxima Bênção Mundial do Útero. Depois disso, escute então o seu coração e sinta se deseja receber também uma Bênção do Útero Pessoal.

Caso não sinta uma mudança de energia ou consciência ao fazer a meditação da Bênção do Útero, isso significa simplesmente que nesse momento a Bênção do Útero não é o seu caminho para se conectar ao Sagrado Feminino, e que há um caminho diferente para você.

O mundo moderno tem uma visão muito limitada da feminilidade e da masculinidade. Descobrir o que esses conceitos significam para nós é algo totalmente individual, para que cada um possa ser livre para se expressar sem restrições.

Todas as meditações e atividades do Capítulo 9, que apresenta os arquétipos femininos, também podem ser usadas por qualquer pessoa sem o útero ou o ciclo menstrual, nesse caso seguindo o caminho do ciclo da lua ou das estações.

Homens

Alguns grupos de Bênção Mundial do Útero incluem homens – e alguns casais gostam de fazer a Bênção do Útero juntos. A maioria dos homens não pode receber a sincronização da Bênção do Útero por causa da sua estrutura energética, no entanto, eles podem participar de algumas meditações para homens e podem se registrar para receber "O Presente" no dia da Bênção do Útero.

E se eu perder o horário que escolhi para receber?

Temos uma vida cheia, por isso, não se preocupe – você ainda pode receber a sincronização a qualquer momento **após** o seu horário escolhido, simplesmente fazendo a Meditação da Bênção do Útero e sentando-se relaxadamente por vinte minutos. No entanto, a experiência não será tão poderosa ou profunda quanto pode ser quando você participa no mesmo horário, junto com todas as outras mulheres ao redor do mundo.

Após a Bênção do Útero

A sincronização da Bênção do Útero, que você recebe nos dias de Bênção, dá início a um processo de renascimento para uma nova mulher. A energia da Bênção do Útero começa a trabalhar por cada um dos quatro arquétipos femininos – em alinhamento com a fase do ciclo menstrual ou a fase lunar – no decorrer de todo o mês que se segue.

À medida que nascemos, limpamos os velhos padrões físicos, emocionais e mentais de cada arquétipo específico, dos quais não precisamos mais. Por isso, é importante que sejamos gentis com nós mesmas no decorrer do mês. Para entender o tipo de cura e despertar do arquétipo que estará se operando, verifique os detalhes no Capítulo 8 deste livro. Podemos nos sentir mais sensíveis emocionalmente, ter dores, ou experimentar velhos medos e padrões de pensamento: todos esses são sinais positivos de que estamos purificando e renascendo para uma feminilidade mais autêntica. Ocasionalmente, podemos precisar de alguma ajuda extra com o nosso nascimento ou com nossas energias cíclicas, e as Moon Mothers oferecem a amorosa e acolhedora *Cura do Útero – Equilíbrio da Energia Feminina*, para quando sentirmos que é preciso.

Seguir o fluxo da energia no decorrer do mês após a Bênção do Útero, anotando como você se sente a cada dia do seu ciclo e quais são as suas experiências físicas, mentais, emocionais e espirituais, também pode ser de grande ajuda e muito recompensador. Em um mundo tão ocupado, pode não haver muito tempo para escrever anotações, mas a técnica da Mandala Lunar, oferecida no livro *Lua Vermelha*, é uma forma rápida para observar e aproveitar o despertar das novas energias. Também pode ser útil ir acompanhando as suas fases durante o mês, já que depois da sincronização algumas mulheres podem experimentar uma pequena mudança na orientação do seu ciclo, se comparado ao ciclo lunar. Isso pode fazer com que a menstruação chegue antes ou depois do previsto naquele mês.

Após a sincronização da Bênção, precisamos começar a integrar em nossas vidas pequenas ações que contribuam para nos alinharmos com as fases do ciclo (ou fases lunares, se não temos um ciclo) e então ancorarmos nossas novas energias femininas na vida cotidiana. **Se não começarmos a viver em harmonia com nossos arquétipos femininos e suas energias, simplesmente nos separamos uma vez mais dos maravilhosos sentimentos de completude, empoderamento e amor-próprio que a Bênção nos traz.** "O caminho da Bênção do Útero", descrito no Capítulo 9, apresentará a você uma vida mais harmoniosa com os seus arquétipos femininos internos, e você também poderá explorar outras sugestões de atividades cíclicas. No livro *The Optimized Woman*, essas sugestões são voltadas para o mundo do trabalho e para a obtenção de resultados, enquanto aquelas encontradas em *Lua Vermelha* visam à expressão criativa e espiritual.

Exercício: Sustentando o seu despertar

No dia da Bênção e no dia seguinte:
- Seja gentil consigo mesma. Se possível, tenha um dia tranquilo, em que possa descansar, meditar ou caminhar na natureza. Isso

vai ajudá-la a continuar sendo consciente da beleza da energia do Sagrado Feminino se movendo por você. Tenha um Dia de Santuário, no qual possa nutrir em si a sua feminilidade.

- Não se esqueça de beber muita água para ajudar a limpar qualquer efeito de *detox* do processo energético.
- Coma regularmente. Quando experimentamos grandes mudanças vibracionais, nossos corpos usam a energia para integrar essas mudanças, e podemos nos sentir cansados imediatamente depois, algumas horas depois, ou no dia seguinte. É importante comer de forma saudável e descansar, para oferecer a seu corpo a oportunidade de renovar as suas energias.
- **Se você está na fase pré-menstrual ou menstrual ao receber a Bênção**, é importante comer, beber e dormir mais. A fase pré-menstrual é a fase natural de declínio da energia física, e por isso é importante apoiar o seu corpo, fazendo menos e descansando mais. Isso também é válido para a fase menstrual, que é a sua fase natural de restaurar as energias e descansar.
- Comece um diário ou crie uma Mandala Lunar.

Durante a primeira semana após o dia da Bênção:

- Seja gentil com as pessoas ao seu redor. A sua vibração está mudando, e ainda que seus familiares e amigos possam não estar conscientes disso, eles sentirão que você está mudando. Assim como você precisará de um tempo para se habituar à sua nova energia, eles também precisarão – e talvez seja necessário tranquilizá-los um pouco.
- Dê a si mesma cinco minutos de Autobênção todos os dias, usando uma simples técnica fornecida no documento da Bênção do Útero. Isso ajudará você a atravessar qualquer processo de purificação dos velhos padrões que venha a ocorrer, e também a se sentir centrada, empoderada e amada na sua vida cotidiana.
- Se precisar de alguém que caminhe com você, você pode se unir a um dos muitos grupos on-line de Bênção do Útero, ou contatar uma Moon Mother Avançada como mentora.
- Caso necessite de alguma ajuda extra, entre em contato com uma Moon Mother para receber a Cura do Útero – Equilíbrio da Energia Feminina.

Durante a segunda semana:

- Continue mantendo seu diário e dando-se uma cura diariamente.
- Faça a **Meditação da Bênção do Útero** por dez a quinze minutos, duas ou três vezes na semana. Você criará dessa forma um

santuário de energias do Sagrado Feminino, no qual poderá se liberar do estresse e recarregar as suas baterias femininas.

Durante a terceira semana:
- Faça com que viver em sintonia com as energias do seu ciclo seja uma prioridade na sua vida.
- Continue dando a si mesma a cura e criando um Santuário Feminino por meio da Meditação da Bênção do Útero.
- Talvez você deseje desenhar uma mensagem do meu livro *Mensagens espirituais para mulheres*, para apoiar a sua fase atual.

Durante a quarta semana:
- Continue se oferecendo cura e criando um Santuário Feminino para si mesma.
- Torne essa jornada mais profunda e faça com que a Bênção do Útero seja parte do seu caminho de crescimento pessoal e espiritual na direção do amor. Contate uma Moon Mother para receber uma sincronização de Bênção do Útero Pessoal.
- Se desejar trabalhar mais profundamente com a sua natureza cíclica e seu despertar pessoal, contate uma Moon Mother avançada como mentora da Bênção do Útero.
- Finalmente, se sentir em seu coração o chamado para ajudar outras mulheres a se curar e a despertar por meio da sincronização da Bênção do Útero e da partilha da Bênção Mundial do Útero, torne-se uma Moon Mother!

Exercício: Meditação da Autobênção

Você pode fazer essa meditação todos os dias, por cinco a dez minutos ou mais, para ajudá-la a apoiar o seu despertar e a sua cura.

Sente-se ou deite-se confortavelmente, com suas mãos sobre o útero.

Imagine uma imensa lua cheia sobre você, preenchendo seu útero com uma linda luz branca e prateada.

Permita que a energia flua através de você – talvez você a sinta em suas mãos e útero como uma sensação física. Nem todo mundo percebe a energia quando ela flui – cada pessoa a experimenta de uma forma própria e única –, mas ela fluirá para você.

Relaxe e aproveite!

Para terminar, faça uma respiração profunda, mova os dedos das mãos e dos pés, abra seus olhos e sorria. Então, agradeça ao Sagrado Feminino pela cura.

Capítulo 6

As meditações da Bênção do Útero: compreendendo e compartilhando a nossa espiritualidade feminina

A Primeira Mulher estava ocupada. Ela tinha criado muitas coisas usando os poderes da sua tigela. Sua casa estava cheia com seu tear e sua roca de fiar, havia cestos empilhados perto da porta com as panelas e pão fresco assado no forno fora da casa. Ela sentou-se para descascar ervilhas em seu jardim. Tudo estava bem.

Mas, então, veio a Raposa.

A Raposa havia observado a Primeira Mulher enquanto ela criava beleza e encantamento. Ela estava com inveja, e queria os poderes dela para si.

— Olá, Primeira Mulher — ela disse, curvando-se diante dela. — Como é maravilhosa a sua beleza, e como são incríveis os seus poderes! Porém — ela disse maliciosamente —, eu percebi que você nunca tem esses poderes por muito tempo. Parece que eles vão embora e você fica sem eles. Como você pode viver dessa maneira?

A Primeira Mulher sorriu.

– Eu sei que eles sempre retornarão, então eu simplesmente espero até que isso aconteça.

– Mas como você pode ter certeza realmente? – a Raposa perguntou. – E se eles não voltarem? Você não terá mais nada. Certamente é melhor ser a mesma o tempo todo, assim você pode se sentir segura!

A Primeira Mulher hesitou, e dúvida e preocupação começaram a tomar forma em sua mente. A Raposa percebeu que estava vencendo.

– Veja como os seus poderes podem fazer com que sua vida seja difícil e negativa. É assustador não ter o controle de si mesma, sem saber como você vai estar ou o que poderá fazer. Você ficará melhor sem eles.

A Primeira Mulher olhou para os objetos em seu cinturão de poder.

– Como eu poderia me livrar deles? – ela perguntou.

– Ah, isso é fácil – disse a Raposa. – Eu posso ajudar você. Basta entregá-los a mim. Sem os seus poderes a interrompendo continuamente, você poderá focar em ser a mesma o tempo todo. E a sua tigela não terá mais poder sobre você – ela sorriu. – O medo de perder o controle será o suficiente para impedir que seus poderes voltem.

A Primeira Mulher sentiu seu medo interno despertar. Ela sentiu medo de não ter controle sobre seu corpo ou sobre si mesma, e culpa por não ser boa em tudo o tempo todo, por não reagir da mesma forma o tempo todo, ou sentir o mesmo o tempo todo.

– A tigela não é uma boa fonte de energia – ela declarou. – Ela está me impedindo de ser e fazer aquilo que eu quero!

– Sim – concordou a Raposa, estendendo a sua pata.

A Meditação da Bênção do Útero: uma experiência profunda da estrutura da energia feminina

A Meditação da Bênção do Útero é a meditação principal que, desde o primeiro dia de Bênção Mundial do Útero, tem sido compartilhada por todas as mulheres que já participaram, em todo o mundo.

Feche os olhos e traga a consciência para o seu corpo.

Sinta o seu peso sobre a almofada, o peso de seus braços no seu colo. Faça uma respiração profunda e sinta-se centrada em seu interior.

Traga a consciência para o seu útero; veja, saiba, sinta ou imagine que seu útero é como uma árvore, com dois ramos principais, com lindas folhas e frutos vermelhos como joias nas extremidades.

Sinta ou imagine que as raízes da árvore crescem, aprofundando-se na escuridão da terra, conectando e ancorando você, permitindo-lhe receber a energia dourada em seu útero.

Sinta-se enraizada e equilibrada.

(Pausa)

Agora, permita que a imagem da Árvore do Útero cresça, até que seus ramos se separem na altura de seu coração.

Enquanto você se conecta com essa imagem, veja, sinta ou imagine que o seu centro do coração se abre, e que a energia flui descendo pelos seus braços, até suas mãos e dedos.

(Pausa)

Sinta a conexão amorosa entre a terra, seu útero e seu coração.

(Pausa)

Ainda com a consciência em seu coração, levante seu olhar, e veja ou sinta que os ramos da árvore seguem crescendo, elevando-se, para acolher uma lua cheia sobre sua cabeça.

A beleza da lua cheia banha você com uma luz pura, branca e prateada, que lava a sua aura e a sua pele.

(Pausa)

Abra-se para receber a luz da lua. Permita que ela entre pela sua coroa e preencha seu cérebro de luz.

Relaxe mais, e receba essa luz em seu coração.

Relaxe ainda mais, abra seu útero e permita que a energia chegue a ele como uma Bênção.

Meditação da Bênção do Útero: a origem da Árvore do Útero

A Meditação da Bênção do Útero é baseada na antiga imagem da **Árvore da Lua**, encontrada nas culturas antigas, e associada com as energias femininas. Encontramos a Árvore do Útero pela primeira vez como uma imagem pessoal da sagrada Árvore da Lua, no capítulo chamado "O despertar" do meu livro *Lua Vermelha*.

"O despertar" é a história de uma jovem menina chamada Eva e do sonho que ela teve na noite da sua primeira menstruação. A história de Eva tem ressonância com os arquétipos e símbolos femininos dentro de nós, ajudando a fazer com que eles despertem em nossa mente consciente para criar uma linguagem de palavras e imagens que podemos usar para entender a nossa natureza cíclica. Dessa forma, a história é uma introdução a ela.

Em "O despertar", a Dama da Lua conduz Eva a uma jornada para conhecer as diferentes mulheres e deusas que representam as energias das fases do ciclo menstrual.

É assim que Eva encontra pela primeira vez a sua Árvore do Útero:
> A Dama da Lua as conduziu a uma clareira, no centro da qual se elevava uma linda árvore com um tronco rosa-prateado. O tronco era dividido em dois ramos principais, com generosos cachos de frutos vermelhos, e a lua cheia parecia sentar-se sobre os ramos mais altos. A luz lunar se refletia no poço de água azul-escura que circundava a pequena ilha na qual a árvore crescia, e as raízes retorcidas se penduravam do solo na direção das águas do poço.
> — Essa é a sua Árvore do Útero — disse a Dama da Lua, tocando o ventre de Eva, logo abaixo do seu umbigo. Em resposta a seu toque, Eva sentiu um calor crescente vindo da presença do útero em seu corpo. Em frente a elas, a Árvore do Útero respondeu, brilhando com energia.

Exercício: Encontrando a sua Árvore do Útero

Esta meditação, baseada em outra do meu livro *Lua Vermelha*, apresenta você à sua própria Árvore do Útero, possibilitando que você crie uma relação positiva e interativa com seu útero e seu ciclo.

Sente-se confortavelmente, faça uma respiração profunda e relaxe.

Veja, saiba ou sinta que você está de pé, rodeada por uma névoa prateada.

À medida que a névoa se dissipa gradualmente, você caminha para uma clareira iluminada pela lua.

No centro da clareira, está uma imensa árvore, em um pequeno monte que nasce do centro de um poço circular. O tronco é de um tom rosa-prateado, que se divide em dois ramos, cada um deles terminando em cachos de folhas e inúmeros frutos vermelhos brilhantes. Acima da árvore, uma lua cheia inunda a cena com uma luz prateada.

Essa é a sua Árvore do Útero.

Como você a percebe? Ela está bem? Ela parece ser amada? Ela responde com entusiasmo à sua atenção?

(Pausa)

A árvore parece tremeluzir de vida e você sente uma ligação profunda com ela, tanto em sua mente como em seu útero.

(Pausa)

Você caminha para a beira do poço. A água é de um azul-escuro e você pode ver as raízes da árvore desaparecendo nas profundezas.

Olhando para a água, você vê o seu próprio reflexo, com a lua que dança acima dele. A água guarda em suas profundezas os mistérios do Universo, e você se abre para eles.

Intuitivamente, você sente a ligação universal entre as mulheres e a lua, o útero e os ciclos lunares, e a ligação mágica entre o seu útero e a sua mente, e entre a sua mente e o seu útero.

Uma vez mais, você sente uma ressonância profunda em sua mente e em seu útero.

Por um instante, permaneça ali, sentindo a sua conexão com a sua Árvore do Útero.

(Pausa)

Quando estiver pronta para sair, permita que as névoas cubram novamente a cena e, gradualmente, tome consciência do seu corpo.

Faça uma respiração profunda, abra seus olhos e reconheça a sua Árvore do Útero, habitando o seu baixo-ventre.

Com o passar dos anos, a imagem da Árvore do Útero e da Meditação do Útero Mágico, dada no Capítulo 2, evoluiu para uma série de meditações diferentes, o que possibilitou o trabalho energético, a inspiração e a experiência necessária para criar a atual Meditação da Bênção do Útero. A Meditação da Bênção do Útero é uma meditação de amor, reconexão, realização e alegria – e uma forma para que possamos nos abrir pessoalmente para a nossa estrutura energética feminina, que é única, e dizer "**Eu estou pronta para receber a sua energia e presença em minha vida**".

A Meditação da Bênção do Útero pode ser usada a qualquer momento como meditação pessoal, mas ela tem um papel muito importante na Bênção do Útero: **ela é o método pelo qual cada mulher se abre ao Sagrado Feminino para receber a sincronização**. A Bênção do Útero é como um pacote de presente, e a meditação é a forma pela qual nós recebemos o pacote e o desembrulhamos, para que assim possamos aceitar a transformação em nossos corpos e em nossas vidas.

A sincronização da Bênção do Útero consiste sempre em duas partes principais:

1. **A Meditação da Bênção do Útero** que nos reconecta ao Sagrado Feminino por meio da estrutura energética de nosso corpo, abrindo-nos para receber a sincronização.
2. **A transferência da vibração específica da energia de amor e luz do Sagrado Feminino**, por meio da técnica de sincronização da Bênção do Útero.

Em todas as sincronizações da Bênção do Útero, seja nas mundiais ou nas pessoais oferecidas pelas Moon Mothers, as palavras da meditação são lidas **exatamente como foram escritas**. Não importa a língua falada pela mulher, todas as mulheres ao redor do mundo usam a mesma Meditação da Bênção do Útero para se conectar ao Sagrado Feminino e se abrir para receber o presente que ele traz: a vibração da Bênção do Útero. Quanto mais as mulheres usam a meditação, mais a vibração das palavras e da energia se expande no mundo.

Ancoragem na terra: as raízes da Árvore do Útero

A Meditação da Bênção do Útero é mais do que uma simples visualização – por trás dela há uma profunda experiência espiritual da estrutura da energia feminina.

Muitos caminhos modernos de espiritualidade, religiões ou filosofias são fortemente influenciados pelo pensamento e pela experiência masculina. Eles tendem a ter uma natureza "transcendental", oferecendo uma forma de escapar do mundo material para o mundo espiritual, para a Luz, para um nível de existência mais elevado e não material. Para atingir isso, os métodos que nos são ensinados com frequência nascem da experiência masculina, mas são generalizados como caminhos para ambos, homens e mulheres.

No entanto, o caminho transcendental não é a abordagem espiritual natural para muitas mulheres. Nossa espiritualidade essencial é de sermos uma com a terra, e de sermos Portadoras de Luz. Para nós, o mundo físico é intuitivamente o corpo da Divindade, independente da forma que ela tome, e por isso ele é intrinsecamente sagrado. Nosso caminho espiritual natural é o de acolher a Divindade no mundo físico, em nosso corpo e ao nosso redor, abrir-se para o espírito dela e trazê-la para o mundo. Nosso caminho não é o de rejeitar o mundo, ou escapar dele – é um caminho de amar e aceitar o mundo, e de acolhê-lo.

**Nosso caminho espiritual nos leva não
a escapar do mundo, mas a acolher o mundo.**

Para ser uma Portadora de Luz – um recipiente consciente para as energias do Sagrado Feminino – precisamos nos conectar profundamente com o Sagrado Feminino em sua expressão física e com as suas energias vitais. Na Meditação da Árvore do Útero, fazemos isso ao imaginar ou sentir que nossas "raízes" descem do nosso útero, e do nosso centro energético do útero, e se aprofundam na terra. Nossas raízes crescem naturalmente do nosso útero e descem por entre as nossas coxas, pelas pernas, até chegarem à terra.

Pare um momento e faça isso agora:
Feche os olhos e faça uma respiração profunda.
Traga a consciência para o seu útero; veja, saiba, sinta ou imagine que seu útero é como uma árvore, com dois ramos principais, com lindas folhas e frutos vermelhos como joias nas extremidades.
Sinta ou imagine que as raízes da árvore crescem, aprofundando-se na escuridão da terra, conectando e ancorando você, permitindo-lhe receber a energia dourada em seu útero.
Relaxe e detenha essa imagem ou intenção em sua mente.
Perceba como você se sente.

Quando fazemos crescer de forma consciente as raízes da nossa Árvore do Útero, para nos conectarmos à Mãe Terra, algo maravilhoso acontece. A Mãe Terra responde à nossa atenção, e sua energia flui naturalmente para cima, por meio das raízes da Árvore do Útero, até o nosso centro do útero. Não importa se nós estamos ou não conscientes desse fluxo de energia, isso acontece automaticamente. Essa é a energia da força e da vida, da sensualidade e da conexão com o mundo manifesto – ela é totalidade e completude. Ela energiza nosso centro do útero, chamando a nossa alma feminina de volta para nós.

Como você se sente agora, enquanto se senta relaxadamente, com seu centro do útero conectado ao útero da Mãe Terra?

Algo mais acontece quando conectamos o nosso centro do útero à Mãe Terra. À medida que a energia dela flui para o nosso útero e o preenche, ela naturalmente sobe e preenche também o centro de energia do nosso coração. Ela então continua fluindo desde o centro do coração para os nossos seios e desce pelos nossos braços até as nossas mãos. Esse fluxo de energia acontece independentemente de estarmos conscientes dele ou não.

Na Meditação da Bênção do Útero, nós simplesmente seguimos o fluxo de energia ao imaginar ou intencionar que a nossa Árvore do Útero cresce até o nível do nosso coração.

Agora, permita que a imagem da Árvore do Útero cresça, até que seus ramos se separem na altura de seu coração.
Enquanto você se conecta com essa imagem, veja, sinta ou imagine que o seu centro do coração se abre, e que a energia flui, descendo pelos seus braços, até suas mãos e dedos.
Qual é a sensação?

Podemos usar essa primeira parte da meditação pela manhã, como uma maneira maravilhosa para nos enraizarmos em nossas energias femininas, para nos sentirmos fortes e centradas e para nos abrirmos para o mundo de forma amorosa e empoderada. Quando o centro do útero está conectado à terra e energizado, podemos reconhecer que nós, assim como nossas próprias vidas, somos um ciclo contínuo de estações que se transformam, e podemos nos entregar a essa mudança com graça e confiança.

Sustentando a lua: os ramos da Árvore do Útero

Na segunda metade da meditação, nós permanecemos no nível de nosso coração. Poderíamos continuar subindo, viajando até a lua – mas viajar para o alto na direção da luz é o caminho transcendental masculino. Em vez disso, abrimo-nos para a luz da lua e permitimos que ela desça, fluindo para nós e através de nós para o mundo. Esse é o caminho feminino da iminência, o caminho de estar na presença da Divindade no momento e no mundo. **Esse é o caminho de ser a "Lua na Terra".**

Ainda com a consciência em seu coração, levante seu olhar, e veja ou sinta que os ramos da árvore seguem crescendo, elevando-se, para acolher uma lua cheia sobre sua cabeça. A beleza da lua cheia banha você com uma luz pura, branca e prateada, que lava a sua aura e a sua pele.
(Pausa)
Abra-se para receber a luz da lua. Permita que ela entre pela sua coroa e preencha seu cérebro de luz.
Relaxe mais, e receba essa luz em seu coração.
Relaxe ainda mais, abra seu útero e permita que a energia chegue a ele como uma Bênção.

Se você não consegue visualizar facilmente, ou não sentir nada fisicamente, isso não significa que a energia não esteja fluindo – o Sagrado Feminino responderá à sua intenção, e talvez você possa experimentar a energia fluindo de outras formas, como em sentimentos e emoções, ou sentindo paz, amor e calma.

Na Meditação da Árvore do Útero, nos conectamos à Mãe Terra para nos tornarmos mulheres empoderadas, fortes em nossos corpos, em nossa feminilidade, em nossa sacralidade e no senso de quem nós somos. Uma vez centradas em nossas energias femininas, somos capazes de nos abrir sem medo ou restrição para permitir que a presença do Sagrado Feminino nos preencha. É maravilhoso fazer a meditação completa ao anoitecer.

> Para finalizar a meditação, recolha a sua Árvore do Útero de volta a seu baixo-ventre e tome consciência de suas raízes na terra.

A Meditação da Partilha: compartilhando o amor e a luz do Sagrado Feminino

Quando nossos corações se abrem, naturalmente desejamos partilhar.

Na Bênção Mundial do Útero, há uma segunda meditação chamada **Meditação da Partilha**, designada para ser feita pelas mulheres após terem recebido a sincronização da Bênção do Útero. Na Bênção Mundial do Útero, estamos todas conectadas por meio de uma rede de energia, que interliga todas as mulheres participantes por meio de seus úteros, de seus corações e de sua consciência. Formamos uma poderosa rede de energia e sacralidade feminina. Pode ser uma linda experiência sentir a conexão com tantas outras mulheres enviando o amor e a luz do Sagrado Feminino – ainda que estejamos fisicamente sozinhas em nosso despertar, sabemos que energética e emocionalmente somos partes de uma maravilhosa família feminina que está por todo o mundo.

A Meditação da Partilha também tem como foco o envio da energia sagrada feminina para o mundo e a sua ancoragem na terra onde vivemos. Quando a terra despertar para a vibração do Sagrado Feminino, tudo o que caminha por ela será envolvido por seus braços amorosos e o amor passará a ser parte de suas vibrações, fazendo com que suas vidas sejam transformadas.

Assim como a Meditação da Bênção do Útero, a Meditação da Partilha, que você conhecerá a seguir, pode ser usada diariamente. Ela oferece uma maneira de sustentar a cura e o despertar das mulheres, por meio da partilha do amor e da linda presença do Sagrado Feminino. No entanto, quando a Meditação da Partilha é usada na Bênção Mundial do Útero, ela se torna mais poderosa, devido à conexão das milhares de mulheres que participam simultaneamente.

> Tome consciência da lua sobre a sua cabeça e permita que a energia dela banhe você em luz. Sinta a luz preencher a sua cabeça e o seu coração e descer, fluindo para seus braços e mãos.

(Pausa)

Permita que a energia flua a partir do seu coração e das suas mãos para o mundo.

Sinta-a fluindo para outras terras igualando suas vibrações com a do Sagrado Feminino.

Sinta-a curando, amando, confortando e nutrindo o mundo inteiro.

(Pausa)

Sinta a presença de todas as mulheres ao redor do mundo que estão se conectando ao mesmo tempo com essa energia. Envie--a para elas e receba-a delas – em amor, partilha e comunhão.

(Pausa)

Agora, permita que a energia da lua flua desde a sua cabeça para o seu coração, para o seu útero, e então para baixo, para a Terra.

Deixe que a energia desperte e cure a sacralidade da Terra e da Deusa na Terra.

(Pausa)

Traga a consciência de volta para o seu corpo.

Sinta o seu peso na cadeira ou na almofada, e gentilmente mova seus dedos das mãos e dos pés. Faça uma respiração profunda e abra seus olhos.

A Meditação da Lua Cheia das Moon Mothers

A Bênção Mundial do Útero pode ser comparada a uma tigela tibetana: nós batemos na tigela para criar uma nota, e gentilmente deslizamos o bastão para fazer com que o canto daquela nota continue. Cada Bênção Mundial do Útero é como uma batida na tigela, que cria uma vibração particular do Sagrado Feminino no mundo (a energia da Bênção do Útero). A **Meditação da Lua Cheia das Moon Mothers** ocorre nas luas cheias *entre* os eventos mundiais para que a nota do Sagrado Feminino continue cantando no mundo.

Como parte de seu serviço às mulheres, as Moon Mothers enviam a vibração da Bênção do Útero, a energia do Sagrado Feminino, a todas as mulheres ao redor do mundo, no decorrer dos três dias de lua cheia. Elas enviam energia para todos os aspectos da feminilidade, para a terra e para todas as mulheres que sofrem. Essa não é uma sincronização transformadora, mas uma partilha sentida de coração, que traz amor e cura.

Ainda que o envio de energia seja um evento somente para Moon Mothers, qualquer mulher pode usar a Meditação da Bênção do Útero no dia da lua cheia, e também no dia anterior ou no dia seguinte a ela, para se conectar com essa vibração da energia do Sagrado Feminino enquanto ela abraça o mundo em sua canção.

Exercício: Recebendo o presente de energia das Moon Mothers

Você pode receber o presente de energia do Sagrado Feminino que as Moon Mothers enviam em qualquer horário do dia e quantas vezes você quiser no decorrer dos **três dias de lua cheia** – o dia anterior à lua cheia, o dia da lua cheia e o dia seguinte à lua cheia.

Pode ser uma boa ideia fazer uma playlist de músicas escolhidas e ter algum tipo de incenso ou perfume que você sinta ser especialmente apropriado para a lua cheia.

1. Sente-se confortavelmente com suas Tigelas do Útero. Coloque uma pequena vela em uma tigela e água potável na outra.
2. Coloque um xale ao redor de seus ombros para criar um espaço feminino sagrado e para ajudá-la a manter o foco em seu interior.
3. Leia ou escute a Meditação da Bênção do Útero.
4. Sente-se relaxadamente e abra-se para receber a linda vibração do Sagrado Feminino da energia da Bênção, que está cantando no mundo.
5. Quando você estiver pronta para terminar a meditação, faça uma respiração profunda, mova seus dedos das mãos e dos pés e abra seus olhos.
6. Ofereça sua gratidão ao Sagrado Feminino e às Moon Mothers que estão enviando energia. Beba a água da sua Tigela do Útero e coma algo bom.

Capítulo 7

Os arquétipos femininos e a Bênção do Útero

Num primeiro momento, a Primeira Mulher sentiu-se bem por ter entregado à Raposa os seus poderes. Ela se sentiu nivelada, constante e previsível. Ela não mais escutava as vozes dos Primeiros Animais ou encontrava a Mãe Terra quando cozinhava ou limpava. Ela não mais visitava os clãs dos animais ou falava com a Mãe Lua.

À medida que os meses passaram, a sua tigela vazia se moveu dentro de seu ventre, em dor, e gritou alto, pedindo ajuda à Mãe Lua. Zangada, a Primeira Mulher amarrou um pedaço de tecido apertado ao redor de seu ventre e de seus quadris, de forma que ela não ouvisse mais os seus lamentos, e depois de um tempo, ela ficou quieta.

A Primeira Mulher se sentou em silêncio e soube que ela estava perdida. Aquele lamento tinha sido a sua última guia para voltar para casa.

Trilhando o caminho do desenvolvimento feminino

Receber a energia do Sagrado Feminino em uma sincronização da Bênção do Útero dá início a um processo que desperta aspectos mais profundos dos nossos arquétipos femininos e nos reconecta mais plenamente às energias associadas a eles.

Após a Bênção do Útero, viajamos pelas quatro fases do nosso ciclo menstrual, e a energia da Bênção continua curando e despertando aspectos de nossa verdadeira natureza, à medida que se integra com cada um dos arquétipos associados às fases. Se não temos um ciclo menstrual, a energia da Bênção é integrada com cada um dos arquétipos associados às fases lunares. Em ambos os casos, permita que os presentes dos arquétipos fluam nas nossas vidas para serem aceitos, amados – e acima de tudo, expressados.

A Bênção do Útero não é algo que recebemos uma única vez e então estamos "consertadas" – ela é um caminho de transformação, crescimento e cura. Cada sincronização libera uma camada de fuligem que esconde a forma verdadeira e a vitalidade da nossa feminilidade autêntica escondida debaixo dela. No entanto, **não é suficiente simplesmente despertarmos e restaurarmos nossos arquétipos – eles precisam ser vividos** ou ofuscaremos suas cores novamente e perderemos o padrão de quem realmente somos.

Se continuarmos combatendo contra os nossos corpos e os nossos ciclos, ignorando nossas energias cíclicas, então estaremos resistindo ao despertar e à cura que a Bênção nos traz, e podemos retornar a nosso estado anterior de desconexão e aos sentimentos que ela nos traz de derrota e incompletude. Nosso caminho como mulheres não é o de viver nos mais altos ideais de nossas mentes, mas de trazer a luz e o amor do Sagrado Feminino ao mundo material, de forma que todas as atividades cotidianas sejam sagradas.

Para nos ajudar a atravessar qualquer resistência e a acolher os quatro arquétipos, precisamos nutrir ativamente as suas energias dentro de nós e viver uma vida criativa e expressiva em harmonia com eles.

> Receber a Bênção do Útero é como plantar
> uma roseira e então cuidar dela. Cada Bênção
> ajuda a roseira a aprofundar mais suas raízes e
> a crescer mais e mais alta, na direção da luz.
> Precisamos então nutrir esse crescimento, permitindo
> à roseira que flua com as estações, para que possa
> fazer nascer maravilhosos botões e flores,
> desenvolver folhas e ramos saudáveis e se
> tornar repleta de lindos frutos vermelhos.

De forma ativa, podemos nutrir o nosso crescimento visando à feminilidade plena ao vivermos o máximo possível em sintonia com nossas energias arquetípicas e com nossa natureza cíclica, ou com nosso ciclo lunar.

O que são as energias arquetípicas? Nossa feminilidade autêntica

Cada mulher sustenta em seu centro do útero os quatro aspectos universais da energia do Sagrado Feminino, conhecidos como os "quatro arquétipos". As energias dos arquétipos têm origem na nossa alma feminina, dentro de nosso centro do útero, e elas fluem com as fases de nosso ciclo menstrual, ou ciclo da lua, criando uma experiência pessoal de ritmos universais do Sagrado Feminino.

Nossa feminilidade autêntica, com suas quatro energias, quatro arquétipos e quatro níveis de consciência, quer ser expressada – somos chamadas a fazer isso em nossos corpos, nossas células, em nossos instintos e em nossas almas.

Se a sincronização da Bênção do Útero está despertando aspectos desses arquétipos dentro de nós e liberando as suas energias à nossa consciência, então **precisamos saber mais sobre eles**. Nós precisamos saber como reconhecer suas presenças e energias, como descobrir o que eles requerem e como podemos viver com eles de forma equilibrada. **Ao reconhecer e explorar as energias arquetípicas, estamos sustentando cada Bênção do Útero e nutrindo nosso caminho de transformação e despertar.**

Vida moderna: não há espaço para os arquétipos!

Com os arquétipos sendo reprimidos ou ignorados por milhares de anos, não é nenhuma surpresa que as mulheres modernas se sintam perdidas e estejam buscando compreender a si mesmas e saber qual é o verdadeiro lugar da feminilidade no mundo.

Mas não é a ignorância que impede que as mulheres acolham suas energias femininas. Mesmo quando a informação sobre as energias arquetípicas femininas lhes é transmitida, muitas mulheres não conseguem sentir empatia por esses conceitos ou aplicá-los em suas próprias vidas. Infelizmente, é o estado de separação das mulheres de seus próprios corpos e feminilidade, influenciado por uma sociedade desconectada, que as torna incapazes de perceber a feminilidade autêntica. "Eu preferiria morrer jovem a envelhecer" e "Eu odeio o meu ciclo menstrual, dê-me uma pílula para acabar com ele" são atitudes que revelam um sintoma dessa separação. Mas a imensa resposta positiva à Bênção Mundial do Útero também é um sintoma. A resposta de tantas mulheres de inúmeros países e culturas diferentes demonstra que, independentemente de seu contexto, há uma experiência central de feminilidade que está faltando em suas vidas – e há um chamado em seus corações para despertar essa experiência e sentirem-se livres para serem completamente femininas.

Ainda que possamos sentir que já estamos conectadas às nossas energias femininas, a pressão e o estresse de viver uma vida masculinizada significa que podemos facilmente nos desconectar da força e da sabedoria que nossa natureza mutável nos oferece. O estresse e o medo podem inundar nossa consciência, ativando padrões de medo primários e fazendo com que seja difícil para nós sentir as mudanças sutis em nossa energia e consciência.

Para nós, pode ser desafiador sentir o fluxo dinâmico de criatividade e intuição, e difícil sentir a linda e interativa relação que temos com nosso Sagrado Feminino. A Bênção do Útero é um presente de restauração, que nos devolve a quem nós somos. Ela nos lembra que estamos em segurança, que é seguro ser aberta, fluida e feminina, e nos recorda que:

Nossa força não está naquilo que a sociedade nos diz ou ensina, mas no que sentimos em nosso centro do útero, em nosso coração, em nossa fase e em nossa conexão com o Sagrado Feminino.

Quando reconhecemos os arquétipos femininos de nossos ciclos, vemos que não existem aspectos bons ou maus em sermos femininas, mas simplesmente energias "ativas" e "receptivas". Também descobrimos que existem aspectos de nossos arquétipos femininos que deliberadamente reprimimos ou com os quais nos identificamos demais, e que nós somos mais do que somente um ou dois aspectos da feminilidade: em vez disso, somos uma maravilhosa fusão dos quatro arquétipos que flutuam em nosso ciclo.

Infelizmente, o mundo ainda não reconhece a Mulher Cíclica e os dons positivos do ciclo menstrual. No entanto:

Se dermos pequenos passos na direção de viver partes de nossas vidas em sintonia com os arquétipos, à medida em que eles aparecem em nossos ciclos, vamos experimentar sentimentos de felicidade, bem-estar, completude e preenchimento, porque estamos expressando nosso verdadeiro eu.

Encontrando os arquétipos: olhando no espelho

O conceito dos quatro arquétipos femininos relacionados à tradição menstrual apareceu primeiramente em meu livro *Lua Vermelha*. A sua descoberta veio de experiências comuns das mulheres e da exploração do folclore, da mitologia e da tradição feminina antiga, passada adiante por séculos. Foram essas histórias que revelaram a natureza da Deusa Cíclica.

A Deusa Cíclica é o ciclo das estrelas que atravessa o céu da noite. Ela é o ciclo das estações, o ciclo das marés, o ciclo da lua e o ciclo da vida – e Ela também é o ciclo das mulheres. Nós A encontramos nas histórias de mulheres que mudam – mulheres que se transformam, da velha bruxa anciã à jovem e linda donzela, ou da jovem donzela amaldiçoada à mulher velha e feia. Nós A encontramos em histórias de mulheres que mudam de forma e se transformam em animais ou pássaros que representam os poderes das diferentes fases da feminilidade. A narrativa e o significado de muitas dessas histórias com frequência foi transformada com o passar do tempo, mas se pudermos lê-la desde a posição de Mulher Cíclica, podemos ver a Deusa Cíclica se revelando para nós em quatro diferentes arquétipos: a **Donzela**, a **Mãe**, a **Feiticeira** e a **Bruxa Anciã**.

A **Donzela** é a jovem menina que é dinâmica, independente, desejável sexualmente, "pura" no sentido de ser autêntica à sua própria natureza e intocada pela influência dos outros.

> Saiba que você leva dentro de você
> A luz do Sagrado Feminino.
> Não importa o que já aconteceu,
> Ou o que acontecerá,
> Você leva a pureza Dele.
> Hoje, aja na consciência da sua luz,
> Da sua beleza e da sua graça.

Baseado em *Spiritual messages for women* (*Mensagens espirituais para mulheres*), de Miranda Gray.

A **Mãe** é a "Boa Mãe", a mulher fértil que é cuidadosa e dedicada e que também é abundante em amor e habilidosa para nutrir e prover a todos ao seu redor.

> Trilhar o caminho das energias da Mãe
> É caminhar alta e forte

Conectada à terra,
Com um útero preenchido,
Braços e coração abertos.
Incorporar o Sagrado Feminino
É cuidar do mundo.

Baseado em *Spiritual messages for women* (*Mensagens espirituais para mulheres*), de Miranda Gray.

A **Feiticeira** é a mulher madura empoderada, sexual, mágica, selvagem e independente. Ela também pode aparecer como a "Donzela Escura" ou como um ser mágico e reflete as energias da mulher que está na pré-menopausa ou nos primeiros anos da pós-menopausa.

Você tem a permissão do Sagrado Feminino para ser
passional,
selvagem
e instintiva!
Ela fez com que você fosse assim *agora mesmo*.
Quando você ama esse aspecto de você mesma
e se dá permissão
você não precisa mais lutar contra um mundo que
diz o contrário.

Baseado em *Spiritual messages for women* (*Mensagens espirituais para mulheres*), de Miranda Gray.

A **Bruxa Anciã** é a velha mulher solitária, a bruxa "feia", a sábia de mais idade e a avó anciã. Ela é a velha mulher mágica cujo foco está voltado para dentro, para longe do mundo cotidiano e da sociedade, e ela se levanta silenciosa no portal entre os mundos.

Fique na ponta dos pés e toque as estrelas.
Sinta em seu coração a batida da vida.
Sinta o amor que habita em tudo.
Você e o Sagrado Feminino são um.

Baseado em *Spiritual messages for women* ("*Mensagens espirituais para mulheres*"), de Miranda Gray.

Uma jornada feminina: compreendendo as energias do seu ciclo

À medida que viajamos pelos nossos ciclos menstruais a cada mês, incorporamos as lindas energias de cada um dos quatro arquétipos. Nosso ciclo não tem barreiras rígidas entre as fases, assim como não há barreiras rígidas entre as estações ou as marés, e as mudanças que experimentamos acontecem gradualmente, à medida que nos movemos de uma fase para a outra.

As fases dos arquétipos não são puramente biológicas. Ainda que estejam ligadas às mudanças hormonais, elas estão baseadas nas experiências pessoais. O ciclo que experimentamos é o ciclo que é correto para nós naquele momento, independentemente de ser longo ou curto, regular ou irregular, calmo ou imprevisível. Nosso ciclo é empoderador, e a maneira como o experimentamos varia de mulher a mulher e de ciclo a ciclo, bem como o número de dias de cada fase também pode variar. Apesar disso, para dar um primeiro passo na direção do entendimento dessa expressão única da feminilidade, podemos fazer algumas generalizações.

A fase pré-ovulatória tem início após a fase menstrual – para muitas mulheres, isso pode ocorrer entre os dias 7 e 13 do ciclo, isso considerando como dia 1 o primeiro dia de menstruação. Durante a fase pré-ovulatória, nós naturalmente começamos a expressar as energias arquetípicas da linda **Donzela** e a ver o mundo através dos olhos dela. À medida que nos movemos em direção à ovulação, as suas energias dinâmicas são suavizadas e transformadas na fase amorosa da Mãe, que pode vir ao redor dos dias 14 e 20 do ciclo.

Após a liberação do óvulo, as energias da **Mãe** mudam gradualmente ou, em alguns casos, dramaticamente, e se transformam nas mágicas energias da **Feiticeira**, quando iniciamos nossa jornada pela fase pré-menstrual – por volta do dia 21 do ciclo até a chegada da menstruação.

Finalmente, ao redor do momento em que surge o nosso sangue, adentramos na fase arquetípica da sábia **Bruxa Anciã**, permanecemos em suas energias recolhidas até que comecemos nosso renascimento de volta ao mundo, com as energias dinâmicas da Donzela.

Esses dias do ciclo são somente uma referência, e por isso é importante escutar o seu corpo e seus sentimentos, pois são eles que contarão quando você está se movendo de um arquétipo para o próximo. Para algumas mulheres, as energias da Bruxa Anciã podem aparecer alguns dias antes da menstruação, para outras elas aparecem alguns dias depois do sangramento ter iniciado. Algumas experimentam dias de transição, nos quais sentem uma combinação das energias, necessidades e dons de ambas as fases: aquela da qual estão saindo e a próxima, na qual estão entrando.

Cada arquétipo afeta a forma como nós pensamos, sentimos e agimos, e é um importante e poderoso aspecto de nossa feminilidade.

Cada arquétipo nos oferece energias e oportunidades incríveis para criar o mundo ao nosso redor e para expressar o Sagrado Feminino. Estejamos ou não conscientes da influência dos arquétipos, **nós mudamos**.

Exercício: Olhando no espelho – os quatro arquétipos dentro de você

Mulheres são como a lua – nós mudamos um pouquinho a cada dia, e pode ser difícil ver as mudanças quando comparamos um dia ao dia seguinte. Mas se comparamos uma semana com a semana seguinte, é muito mais fácil ver as mudanças na face da lua e dentro de nós.

Sente-se confortavelmente e relaxe.

Imagine que quatro mulheres estão de pé à sua frente.

Uma delas é jovem, bonita e está cheia de energia dinâmica, objetivos e sonhos.

A outra é um pouquinho mais velha, gentil e cuidadosa, e está cheia de doação e amor.

Outra é madura e está cheia de poder mágico, de energia dinâmica e de inspirada criatividade.

E a outra é mais velha, sábia e tranquila, e olha para você com amor profundo.

Agora, imagine que a aparência dessas quatro mulheres seja a mesma.

Agora, imagine que essas quatro mulheres tenham a sua aparência.

Você se encontrou.

Isso é quem você é agora, quem você foi na semana passada, quem você será na próxima semana e na semana depois dela.

Sente-se em consciência.

Quando estiver pronta para terminar este exercício, faça uma respiração profunda e abra seus olhos.

Não é de se admirar que as mulheres se sintam confusas. Dizem que somos uma única mulher, quando na realidade somos no mínimo quatro mulheres diferentes, com diferentes energias, necessidades, habilidades e perspectivas.

Também não é de se espantar que os homens fiquem confusos. Eles pensam ter uma única mulher em suas vidas!

Os arquétipos e a Bênção Mundial do Útero: ajudando-nos a curar nossos arquétipos

Ao elevar a vibração das mulheres, cada sincronização da Bênção Mundial do Útero libera bloqueios e restrições do arquétipo que são comuns às mulheres participantes. Isso cria um **despertar coletivo** dos aspectos dormentes ou reprimidos das suas quatro energias arquetípicas femininas. O processo de despertar tem início com a sincronização e continua a trabalhar em cada arquétipo individual no decorrer do mês seguinte.

A Bênção restaura a nossa conexão às energias arquetípicas, que são continuamente interrompidas pela vida moderna, e também reabastece as energias que foram esgotadas. A Bênção nos traz de volta ao equilíbrio e ao fluxo arquetípico, de forma a deixar-nos novamente equilibradas internamente e em nossos ciclos.

Cada Bênção Mundial do Útero tem um foco adicional na cura dos padrões e energias de um arquétipo específico. Essa cura está ligada à estação da terra no momento da sincronização mundial. A terra, assim como a lua, atravessa quatro fases, que ocorrem devido à sua inclinação na direção do sol ou na direção oposta a ele, e cada uma das suas fases está associada com a energia do arquétipo.

Na Bênção Mundial do Útero, nos conectamos à terra por meio da conexão útero-terra-útero, criando uma ressonância entre nosso útero e suas energias para restabelecer o padrão e a vibração original do arquétipo no centro do útero. As energias sobem fluindo para o útero, trazendo cura para a forma como o arquétipo é expressado no mundo por meio de nosso corpo e de nosso ciclo menstrual.

A cura do arquétipo e o ano de Bênçãos

Arquétipo	Estação associada	Bênção Mundial do Útero	A cura do arquétipo inclui:
Donzela	Primavera: luz do dia aumentando	Início das energias da primavera	**Nossa percepção do mundo.** Nossos pensamentos, comportamento, ego, ações, autoconfiança, otimismo, autoestima, valor próprio, prazer sexual e crescimento pessoal. Nossa fase pré-ovulatória.

Arquétipo	Estação associada	Bênção Mundial do Útero	A cura do arquétipo inclui:
Mãe	Verão: dias longos	Início das energias do verão	**Nossa conexão com o mundo.** Nossas emoções, força emocional, amor, compaixão, praticidade, falar com o coração, conexão, relações, sexualidade e fertilidade. Nossa fase ovulatória.
Feiticeira	Outono: luz do dia diminuindo	Início das energias do outono	**Nosso poder no mundo.** Nosso subconsciente, crenças, memórias, criatividade, bloqueios sexuais, restrições e inibições, manifestação, ego, medos, padrões de sobrevivência e ancestrais femininas. Nossa fase pré-menstrual.
Bruxa Anciã	Inverno: dias curtos	Início das energias do inverno	**Nosso ser no mundo.** Nossa alma, deixar ir, perdão, espiritualidade, intuição, sexo espiritual, sabedoria interior e propósito de alma. Nossa fase menstrual.
Cosmo	O dia mais curto	Solstício de inverno	**Nossa unidade com o todo.** Completude, centramento, quietude, paz interior, equilíbrio e harmonia. O ciclo menstrual completo.

Para focar na cura de alguns padrões específicos de energia arquetípica, existem as Meditações Arquetípicas adicionais da Bênção Mundial do Útero. Elas nos ajudam ativamente a **interagir com as energias arquetípicas e a nos aprofundar em nossa cura e na expressão de cada uma delas.** À medida que percorremos o caminho anual da Bênção do Útero, experimentamos as energias arquetípicas alinhadas com a Mãe Terra: dessa forma, as meditações usadas são reversas no hemisfério sul e no hemisfério norte. As mulheres que vivem próximas ao Equador podem escolher qual ciclo de meditações elas desejam seguir.

As meditações arquetípicas e as Bênçãos Mundiais do Útero associadas

Bênção Mundial do Útero	Meditação	Descrição
Início das energias da primavera	Renovação do Útero	Purificação suave e liberação de velhos padrões aos quais nos agarramos em nossa feminilidade e em nossos úteros.

Início das energias do verão	Aceitando a nossa Sexualidade	Acolhimento da beleza, da sensualidade e da sexualidade de nossa feminilidade, não importando a idade.
Início das energias do outono	Criando Abundância	Liberação de nossa abundância natural e criatividade feminina para criar nossos sonhos.
Início das energias do inverno	Curando as Ancestrais Maternas	Cura dos padrões de nossa linhagem feminina. Quando trazemos cura a nosso passado, nós curamos o presente e o futuro.
Energias do solstício de inverno	O Círculo de Irmãs	Conexão com todas as mulheres da família da Bênção do Útero para trazer cura ao mundo e a nós mesmas.

Essas meditações são acessíveis para todas as mulheres, independente de terem ou não um ciclo físico. O acesso a todo o texto e as instruções para as meditações adicionais é dado no registro para a Bênção Mundial do Útero.

As Meditações Arquetípicas também podem ser feitas em associação com o ciclo lunar e com o ciclo menstrual.

A Meditação da Donzela Primavera: Renovação do Útero

Hemisfério norte: Bênção de fevereiro
Hemisfério sul: Bênção de agosto

A Meditação Arquetípica adicional do início da primavera tem como foco uma purificação e uma renovação suaves. A energia da Bênção trabalha com o arquétipo da Donzela para nos ajudar a deixar ir os padrões, as feridas e a bagagem emocional do velho ano, que permanecem em nossa feminilidade e em nosso centro de energia do útero. Nessa meditação adicional, apoiamos a cura ao focar em liberar coisas de que não mais precisamos e a respirar pureza, bondade, amor e paz para o nosso útero e para o mundo. Então, podemos nascer para um ano novo estando curadas, purificadas e renovadas.

Em cada sincronização da Bênção do Útero de primavera, a cura da Donzela é mais profunda, limpando padrões detidos em nosso útero, curando nossas ideias e crenças sobre nós mesmas e trazendo de volta a essência de quem nós somos.

A Meditação da Mãe Verão: aceitando a nossa sexualidade

Hemisfério norte: Bênção de maio
Hemisfério sul: Bênção de outubro

Na Bênção Mundial do Útero que tem lugar no início do verão, usamos a Meditação Arquetípica adicional para trazer cura à nossa sensualidade e à beleza da sexualidade sagrada que temos dentro de nós. Como o arquétipo da Mãe restaura as nossas energias e nos reconecta com os aspectos dela que levamos em nós, passamos a reconhecer que somos belas e desejáveis. Sentimos a sacralidade e o valor de nossa criatividade, não somente como mães férteis, mas como seres sensuais criativos que damos à luz ideias e criamos amor e felicidade.

A energia da Bênção do Útero do verão trabalha com o arquétipo da Mãe para curar qualquer padrão limitante ou medo que tenhamos aprendido de nossas mães, a respeito de nossa sensualidade, de nosso corpo, de nossa sexualidade e de nosso prazer. Ela também oferece a cura íntima da nossa sexualidade – fisicamente, mentalmente e emocionalmente – e nos ajuda a enxergar como a nossa natureza sexual é boa **em todas as suas formas**, e a vê-la como um reflexo do Sagrado Feminino. A energia contribui para a compreensão de que todos os atos de prazer amoroso são rituais e preces do Sagrado Feminino.

A Meditação da Feiticeira Outono: manifestando a nossa abundância

Hemisfério norte: Bênção de agosto
Hemisfério sul: Bênção de fevereiro

Na Bênção Mundial do Útero do outono trabalhamos com a meditação da Feiticeira para trazer cura ao nosso senso de falta de abundância e para curar nossas necessidades internas. Em um mundo em que somos inundadas com novas coisas que "temos" que ter ou comprar, o senso de falta é facilmente expandido, fazendo com que a nossa Feiticeira interna reaja como se estivéssemos sendo ameaçadas.

Com a Meditação Arquetípica adicional, nós amenizamos o nosso senso de falta e nos centramos novamente em nosso poder de manifestação – que é autenticamente feminino. A cada Bênção do Útero outonal, a cura da Feiticeira restaura a nossa habilidade de criar e manifestar a vida que desejamos por meio do amor e por meio do fluxo de energias do Sagrado Feminino. Podemos nos recordar de que a nossa natureza é sermos felizes e que todas as atitudes que tomamos a partir de um sentimento de amor nos trarão completude, plenitude e amor.

A Meditação da Bruxa Anciã Inverno: curando a nossa linhagem feminina

Hemisfério norte: Bênção de outubro
Hemisfério sul: Bênção de maio

A Bênção Mundial do Útero do início do inverno tem como foco curar e restaurar as energias da Bruxa Anciã que foram esgotadas. À medida que a Bruxa Anciã se cura, nós nos reconectamos com a paz interna que nos é inerente, e na aceitação do amor, somos uma novamente com a nossa sabedoria interior e restauramos a sacralidade do nosso tempo de sangramento.

Usamos a Meditação Arquetípica para apoiar as energias da Bênção, curando a nossa linhagem materna, o passado ancestral e as memórias de grupo. Nenhuma de nós existe em isolamento – somos o resultado de milhares de gerações de mães que nos reconectam de volta a nosso passado distante. A energia da Bênção flui de volta, por meio da conexão de útero materno a útero materno, curando, purificando e dissolvendo qualquer coisa que não esteja em sintonia com o nosso novo despertar. À medida que o passado se cura, nós nos curamos, e o presente e o futuro se curam também.

A Meditação da Unidade: O círculo de irmãs

Hemisfério norte: Bênção de dezembro
Hemisfério sul: Bênção de dezembro

A última Bênção Mundial do Útero do ano ocorre por volta do solstício, e usamos uma Meditação da Unidade como meditação adicional para apoiar a cura que a Bênção traz ao nosso nível de consciência de alma e à nossa conexão com todas as mulheres por meio de nossos úteros e da experiência feminina que compartilhamos. A Bênção trabalha com o centro do nosso ciclo, esse lugar no qual **todos os quatro arquétipos se fundem em um único ser consciente que é a expressão do Universo por meio de uma forma feminina**.

A Meditação da Unidade nos ajuda a sentir que somos parte da família expandida de mulheres, todas conectadas por meio do amor e do reflexo que somos do Sagrado Feminino. Cada ano nos ajuda a curar nossos sentimentos de solidão e alienação, confusão e medo, e isso restaura nossa força amorosa e a consciência de que todas as mulheres são nossas irmãs.

O caminho da Bênção Mundial do Útero e das Meditações Arquetípicas abre uma bela espiral de cura e crescimento, de recordação

e restauração, de amor e evolução. É um caminho para que experimentemos amar a nossa feminilidade e celebrá-la em todas as suas formas, e para crescermos na consciência de nosso ciclo e na conexão com os ciclos do Sagrado Feminino.

Sua fase do ciclo e a Bênção do Útero

Na sincronização da Bênção do Útero, a vibração da energia do Sagrado Feminino não muda com o nosso ciclo menstrual, mas **a nossa experiência** da Bênção do Útero pode mudar, dependendo do arquétipo que estamos incorporando naquele momento.

Recebendo a Bênção na nossa fase Donzela

Se recebemos a Bênção Mundial do Útero ou uma Bênção pessoal em nossa fase Donzela, podemos experimentar um nível alto de consciência, uma visão universal da vida, e mais clareza e otimismo – e podemos também nos inspirar a entrar em ação. Após a sincronização, podemos nos sentir mais autoconfiantes e cheias de energia física, querendo nos movimentar, correr ou dançar.

Recebendo a Bênção na nossa fase Mãe

Receber a sincronização da Bênção do Útero em nossa fase Mãe pode nos trazer sentimentos profundos de amor, ajudando-nos a relaxar das tensões do mundo e a nos reconectar ao amor que envolve todo o Universo. Após a sincronização, podemos nos sentir emotivas e amorosas, e talvez queiramos abraçar ou tocar as pessoas para compartilhar esse amor.

Recebendo a Bênção na nossa fase Feiticeira

Em nossa fase Feiticeira, a sincronização da Bênção do Útero pode nos trazer uma experiência espiritual mais profunda – talvez nos sintamos mais intuitivas, abertas a receber sabedoria interior ou inspiração e ficar mais conscientes da energia e das suas mudanças dentro de nós. Também podemos nos sentir muito emotivas, já que sentimentos muito profundos vêm à superfície para serem liberados.

Após a Bênção, podemos nos sentir inspiradas e dinâmicas, com o nosso lado selvagem desejoso de ser liberado, ou podemos nos sentir serenas e querer desfrutar tranquilamente das emoções e experiências espirituais que recebemos.

Recebendo a Bênção na nossa fase Bruxa Anciã

A fase da Bruxa Anciã pode nos dar uma experiência espiritual muito profunda da Bênção do Útero. Ela pode trazer sentimentos de paz, amor e aceitação, e uma experiência meditativa profunda de unidade. Podemos cair no sono ou chegar perto disso durante a Bênção. Após a sincronização, podemos sentir a permanência dessa unidade, e por isso não desejarmos nos mover ou falar.

A alegria da Bênção Mundial do Útero é que não há duas sincronizações experimentadas da mesma forma. Elas são lindas combinações do estado de desenvolvimento da nossa energia pessoal com o nosso arquétipo atual, com o arquétipo da Mãe Terra e a energia da lua cheia. Sempre nos é dado aquilo que estamos prontas para receber, e cada Bênção nos traz algo verdadeiramente lindo e grandioso, mesmo se não estivermos conscientes disso naquele momento.

**A cada vez que recebemos a Bênção,
algo novo nos é dado.**

Capítulo 8

Acolhendo os arquétipos dentro de você

Para viver nosso ciclo entre as Bênçãos do Útero em maior harmonia com os arquétipos, precisamos compreender quais são eles e como as suas energias influenciam as nossas vidas.

Encontrando a primavera/arquétipo da Lua Crescente Donzela

A neve do inverno havia derretido e os primeiros brotos começavam a aparecer quando a Donzela Primavera encontrou a Primeira Mulher, que estava lavando seus cobertores no rio.

A Donzela Primavera carregava um arco e flechas, e dois cães de caça estavam parados ao lado dela. Em seu cabelo, ela usava uma flor branca – a mesma com a qual o Clã das Lebres havia presenteado a Primeira Mulher.

– Por que você está tão infeliz? – a Donzela Primavera perguntou.

– Porque eu perdi algo – disse a Primeira Mulher – e eu não sei o que é.

A Donzela Primavera viu que a tigela no ventre da Primeira Mulher tinha sido esvaziada de seu poder, e parecia triste.

— Eu sei o que está faltando — ela disse, e estendeu de volta à Primeira Mulher a flor que a Mulher Lebre lhe havia dado na Criação do Mundo. — Você a entregou à raposa.

A Primeira Mulher pulou de felicidade e agradeceu a Donzela Primavera por lhe devolver o seu poder. Ela colocou então a flor em seu cinturão.

A Donzela Primavera gargalhou.

— Pare com os seus afazeres e corra comigo! — falou a Donzela Primavera enquanto se virava e começava a correr.

A Primeira Mulher sentiu a letargia do inverno cair de seus ombros e uma nova energia vibrou em sua tigela.

— Sim! — ela gritou, e junto com os cães de caça, a Donzela Primavera e a Primeira Mulher correram.

Elas dispararam pela floresta, saltaram pelos riachos, correram pelas montanhas e atravessaram vales. A Primeira Mulher sentiu-se viva e livre, bela e poderosa, e ela criou o seu próprio caminho enquanto corria.

O arquétipo da Donzela: iniciando a viagem

O arquétipo da Donzela detém a energia dos novos começos, do movimento e da ação, e do crescimento inicial. Ela é os primeiros botões da estação crescente e o correr das águas da maré crescente. Ela é o sol nascente que pouco a pouco escala o céu. Ela adentra as nossas vidas na fase pré-ovulatória e na lua crescente.

A fase da Donzela traz energia física renovada, após o retiro e a hibernação invernal da menstruação. Nosso corpo se sente mais leve, nosso interesse sexual e nossas energias estão renovadas, nossas mentes se sentem mais claras e nos sentimos mais confiantes e independentes. A Donzela não tem medo da mudança e está ansiosa por criar um novo caminho para si em sua vida. Ela é a deusa da caça que prepara as suas metas e as persegue. Ela é cheia de energia positiva a respeito de quem ela é e do que ela pode manifestar em sua vida.

Na fase da Donzela, nossa Mente Pensante se torna dominante. As energias do nosso centro do útero fluem, subindo para a nossa mente e criando uma forte ligação mente-útero.

A Donzela é a deusa da sabedoria e do conhecimento intelectual. Ela é lógica e racional, e mais aberta para as ideias intelectuais que para abordagens empáticas ou intuitivas. Nessa fase, nossos níveis de memória e concentração podem ser elevados, assim como nosso desejo de explorar e aprender.

A fase da Donzela também é uma fase de sermos verdadeiras com nós mesmas, uma fase de alegrias simples e de uma interação brincalhona com o mundo. A Donzela nos pede que nos livremos das responsabilidades do mundo adulto e que aproveitemos a vida com um senso de divertimento.

A Donzela equilibrada

Quando as energias da Donzela estão equilibradas em nossas vidas, somos mais capazes de alcançar nossos sonhos e objetivos e de satisfazer nossas necessidades de crescimento e realização facilmente, sem precisar forçar nada. No entanto, quando vivemos em desequilíbrio com ela, reprimindo as suas necessidades ou nos identificando excessivamente com suas energias, isso pode nos levar a sentimentos de frustração ou mesmo de inveja em relação às realizações alheias. Também é comum que nos tornemos pouco empáticas e que deixemos que nosso trabalho ou objetivos pessoais dominem as nossas vidas.

Aceitando as energias da Donzela

Muitas mulheres amam as energias da Donzela. Elas potencializam a nossa capacidade de sermos bem-sucedidas em uma sociedade competitiva, na qual as conquistas pessoais são valorizadas e muitas mulheres tentam viver como Donzelas.

Outras mulheres talvez achem difícil aceitar essa fase. Elas podem se sentir culpadas em relação a seus sentimentos "egoístas" porque a sociedade lhes oferece a imagem de que, para ser uma "boa" mulher, é preciso ser altruísta, caridosa e empática *o tempo todo*. No entanto, se permitimos a expressão independente e autodeterminada das energias da Donzela, podemos sentir que temos maior controle sobre as nossas vidas, que estamos crescendo ao invés de ficarmos estagnadas, e que estamos empoderadas para sermos cuidadosas e generosas.

Talvez as mulheres achem difícil deixar que sua Donzela interna se expresse por meio da brincadeira e do divertimento, devido à carga de responsabilidade que vem de ser mãe ou de ter um trabalho estressante. Ainda assim, a brincadeira é um jeito para liberar o estresse, para aprender e crescer, e para construir relações empáticas e amorosas com nossas crianças.

A criatividade da Donzela

A Donzela também oferece a sua expressão singular de criatividade, sexualidade e espiritualidade. A sua criatividade é expressa por meio do intelecto, dando-nos a maravilhosa habilidade de criar estrutura a partir do caos e de planejar o futuro.

A espiritualidade da Donzela

A espiritualidade da Donzela nos chama aos ideais espirituais, à ascensão ou iluminação, e cria a paixão pelas regras, pela estrutura hierárquica, pela razão e pelas práticas éticas e morais. Mas precisamos estar conscientes de que esse caminho precisa ser trilhado com as suas energias de jogo e diversão, se não queremos ficar obsessivas em aderir a um regime severo ou "correto".

A Donzela e o sexo

A sexualidade da Donzela é independente, e sentir prazer e se divertir é o único propósito do sexo nessa fase.

A Mãe Natureza nos dá tempo antes que o óvulo seja liberado para que aproveitemos! Para algumas mulheres essa fase pode ser maravilhosa – as suas energias sexuais estão mais uma vez dinâmicas, após o retiro da menstruação, seus corpos se sentem mais vivos, elas se sentem mais autoconfiantes e positivas e, como produzem mais estamina, a possibilidade de noites de sexo apaixonado se torna maior.

Algumas mulheres, no entanto, encontram dificuldade em lidar com essa sexualidade dinâmica e repentina, sem contar que para alguns parceiros pode ser um choque passar da convivência com uma mulher menstrual, sem nenhum interesse em sexo e que passa o dia com sono, para de repente se ver com uma mulher na fase pré-ovulatória, desejosa de festa, namoro e sexo livre.

Acolhendo a Donzela dentro de nós – independentemente da sua idade

As energias da Donzela, quando estão balanceadas, são um maravilhoso presente de novos começos, independência, vitalidade e senso de divertimento. Para conseguirmos equilibrar essas energias, precisamos ativamente acolher e expressar as habilidades de nossa Mente Pensante, planejando atividades, criando estruturas e aprendendo algo novo. Precisamos abraçar a nossa autoconfiança para começar coisas novas e para aproveitar a nossa vitalidade renovada, saindo e sendo mais ativas fisicamente. Mas também precisamos nos lembrar de incorporar as qualidades de temperança da Donzela, como a brincadeira, a flexibilidade e a diversão.

Nós somos a Donzela, não importando qual seja a idade física; se somos cíclicas, nos transformamos na jovem menina uma vez por mês, na nossa fase pré-ovulatória; e, se estamos na pós-menopausa, sustentamos essa energia dentro de nós para acolhê-la na lua crescente, com a primavera, ou quando escolhermos fazê-lo.

A Bênção do Útero e a cura da fase da Donzela

A Bênção pode nos ajudar a liberar os velhos padrões de pensamento que nos impedem de prosseguir e encobrem os nossos sonhos e desejos de coração, junto ao senso de quem realmente somos. As mulheres que recebem a sincronização da Bênção do Útero nessa fase podem muitas vezes se sentir energizadas depois dela e desejar fazer grandes mudanças ou iniciar um novo caminho em suas vidas. A Bênção faz com que elas se abram para um aspecto autoconfiante, independente e dinâmico de si mesmas.

Durante nosso ciclo de renascimento após a sincronização da Bênção do Útero, a energia da Bênção trabalha com o arquétipo da Donzela em nossa fase pré-ovulatória para nos livrar de memórias e pensamentos restritivos e limitantes. Podemos redescobrir nossa bondade inerente, despertar novamente nosso senso de sermos lindas e perfeitas exatamente como somos, e nos sentirmos felizes por sermos mulheres. Tornando-nos positivas e empoderadas, podemos dar os passos necessários para transformarmos as nossas vidas e permitir que nossa alma caminhe para o seu propósito no mundo.

Para viver e trabalhar mais conscientemente com o despertar e a cura do arquétipo da Donzela no mês após a Bênção, veja o Capítulo 9.

Exercício: Expressando as energias da Lua Donzela

A chave para viver uma autêntica vida feminina de forma mais consciente é fazer atividades que expressem o arquétipo da sua fase atual, durante a própria fase, e que façam você se sentir feliz.
Este é um exercício que nos faz pensar, pois a Mente Pensante é a dominante na fase da Donzela.
Se você está recebendo uma sincronização da Bênção do Útero na sua fase Donzela, uma sugestão é fazer esta meditação nos dias seguintes, enquanto durar a sua fase.

Na sua fase Donzela, pense nas atividades e tarefas que você quer fazer, ou precisa fazer, nessa semana. A Donzela ama listas de tarefas, pois elas lhes dão direção, propósito e uma via de saída para as suas energias dinâmicas. Inclua algumas tarefas que exijam concentração e um pensamento claro, pois dessa forma você estará usando os dons da Donzela.
À medida que você completar as tarefas, risque-as da sua lista, e você notará como se sente bem. A Donzela também ama conquistar as coisas!

Encontrando o verão/arquétipo da Lua Cheia Mãe

A estação havia mudado da primavera para o calor do verão, e a Primeira Mulher se sentiu desequilibrada. Ela tinha algo do seu poder de volta, mas não tudo, e então ela iniciou uma jornada para reencontrar seus poderes perdidos.

Na Criação do Mundo havia sido fácil caminhar com os poderes dela no cinturão, porém, sem ter todos eles para equilibrá-la, suas costas doíam e seus pés se machucavam, e ela se sentiu exausta rapidamente.

Após uma longa jornada, a Primeira Mulher se sentou, muito cansada, sob a sombra de uma árvore frondosa. A Mãe Verão a encontrou e sentou-se lentamente a seu lado, pesada que estava pela gravidez.

— Ah, filha — disse a Mãe Verão —, está tudo bem com você, minha pequena?

— Oh, Mãe — a Primeira Mulher chorou. — Eu fui enganada e roubaram meus poderes... E agora estou sofrendo e me sinto perdida.

A Mãe Verão desamarrou um feixe de junco que ela carregava e começou a tecer um cesto. À medida que tecia, ela contava à Primeira Mulher sobre os Primeiros Animais, suas famílias e seus novos bebês. Ela falou sobre os problemas que eles enfrentavam e as necessidades que eles tinham.

Antes que a Mãe Verão fosse embora, ao entardecer, ela olhou para o cinturão de sua filha.

— Eu encontrei isso enquanto estava procurando por você — ela disse. — É o espelho que a Mulher Cavalo havia lhe entregado na Criação do Mundo. A Raposa deixou cair enquanto corria.

De manhã, a Primeira Mulher descobriu que os cestos tecidos pela Mãe Verão estavam cheios de tudo o que os animais precisavam... Ela então os recolheu e levou-os, para compartilhar com seus amigos animais.

O arquétipo da Mãe: alcançando a plenitude

O arquétipo da Mãe é a energia da plenitude, da completude, da estabilidade e do esplendor que se propaga ao exterior. Nós a encontramos nas árvores floridas e perfumadas do verão e na abundância da natureza, assim como na luz suave da lua cheia. Ela é a quietude da maré alta, o calor do sol do meio-dia e a energia carinhosa e nutritiva da fase ovulatória.

A Mãe abre os seus braços, em compaixão e empatia, para receber os outros e criar relacionamentos. Ela é a Deusa da Terra, dando à luz suas crianças e nutrindo-as durante o seu crescimento. As energias dinâmicas da Donzela foram suavizadas, e o ímpeto por ação e autodeterminação amadureceu para uma força emocional, que nos permite doar e cuidar dos outros.

A fase da Mãe, da ovulação e da lua cheia nos permite permanecer em nosso coração e amar a nós mesmas, assim como amar a humanidade, a terra e todos os seres viventes. A Mãe tem suas raízes ancoradas profundamente na terra, o que dá a ela a força e a estabilidade para abrir seu coração, amar as pessoas, cuidar delas e se doar generosamente.

Na fase da Mãe, nosso modo dominante de pensamento é a "Mente Sentimental", e as energias do nosso centro do útero fluem até o coração, criando uma forte ligação entre o coração e o útero. A Mãe retira a sua atenção do intelecto na direção de um fluxo de sentimentos que alcança um nível mais profundo, no qual experimentamos empatia, compreensão e compaixão. Não somos mais motivadas pelas realizações pessoais, mas em vez disso, nos sentimos realizadas e preenchidas sendo quem realmente somos e cuidando das necessidades e dos desejos dos outros.

Equilíbrio e as energias da Mãe

Muitas mulheres amam essa fase, devido aos sentimentos de amorosidade e generosidade que ela traz. Para muitas culturas, essa é a imagem do que deveria ser a mulher ideal. Porém, quando a Mãe está desequilibrada devido à identificação excessiva com as suas energias, é provável que cheguemos a "dar" demais de nós mesmas, sacrificando nossas próprias necessidades pelas necessidades dos outros, oferecendo ajuda desproporcionada quando na verdade ela não foi pedida e assumindo responsabilidades além da conta. Esquecemo-nos que, nas próximas duas fases do nosso ciclo, a nossa energia e estamina serão reduzidas, e não seremos mais essa pessoa que pode sustentar os outros dessa forma.

Se tentarmos incorporar as energias da Mãe o tempo todo, estaremos em falta com o crescimento de nosso ser, com a obtenção de níveis mais elevados de consciência e com as muitas outras diferentes possibilidades de criar o mundo.

Quando vivemos fora de equilíbrio com as energias da Mãe e não deixamos que ela tenha lugar em nossas vidas, podemos nos sentir sozinhas e menos capazes de criar relações de suporte mútuo, o que pode fazer com que não sintamos mais aquela força emocional que nos traz generosidade de coração.

Aceitando as energias da Mãe

Algumas mulheres têm dificuldades em dar as boas-vindas às energias da Mãe. Muitas vezes, elas temem perder a "vantagem" da dinamicidade, que faz com que elas sejam bem-sucedidas em suas vidas, ou mesmo se preocupam em não se perderem em função dos outros e em detrimento de si mesmas, nas energias mais amenas e nutritivas da Mãe. Uma relação conflituosa com sua própria mãe também pode dar às mulheres uma imagem negativa ou distorcida do arquétipo da Mãe, tornando-as relutantes a acolher plenamente esse aspecto em si mesmas.

A criatividade da Mãe

A criatividade vem em infinitas formas, e a criatividade da Mãe ganha forma por meio de suas mãos, de seu coração e de seu útero. Ela nos dá o presente de nos sentirmos mais empoderadas para criarmos sentimentos de amor e harmonia e para apoiar nossa rede mais ampla de amigos, colegas de trabalho e nossa comunidade. Ela nos permite criar conexões com os outros, para compreender por meio de nossos sentimentos, para comunicar facilmente desde o coração e para gerar abundância e crescimento por meio do cuidado.

A espiritualidade da Mãe

Para muitas mulheres, a fase da Mãe traz uma forte conexão com a natureza e com o prazer das experiências sensuais do mundo natural. Isso é expressado na espiritualidade inerente à Mãe, uma espiritualidade de verdades simples, de uma vida simples, e que traz uma perspectiva amorosa, cuidadosa e apreciativa diante de toda a vida.

As energias da Mãe e o sexo

A Mãe Natureza nos dá uma energia sexual maravilhosamente forte nessa fase, uma energia que é profundamente sensual e emocional. Ela nos pede que nos abramos completamente a nosso parceiro, emocional e fisicamente, e também que compartilhemos nosso corpo e nosso coração. A fase da Mãe diz respeito a paixão física e romance, e a sentir-se amada, apoiada e validada por alguém que sentimos conhecer no nível da alma, e que está comprometido conosco.

Muitas mulheres consideram essa fase como passional, amorosa e generosa, mas, quando esses aspectos são suprimidos, perdemos a maravilhosa oportunidade de nos fundirmos completamente com nosso parceiro através do amor. Algumas mulheres também acham difícil confiar nos homens o suficiente para aceitar a abertura dessa fase e a vulnerabilidade que vem com ela. Outras evitam se conectar com as energias dessa fase porque relacionam a sexualidade da Mãe com o risco de uma gravidez indesejada.

Acolhendo a Mãe dentro de nós – qualquer que seja a nossa idade

Quando aceitamos as energias da Mãe e deixamos que elas se manifestem de forma equilibrada, vivenciamos uma fase de afetividade amorosa e física, na qual podemos criar abundância por meio de uma atitude permissiva e cuidadosa. Para equilibrar as suas energias, precisamos acolher a nossa Mente Sentimental, desapegando-nos da impulsividade da Donzela e fundindo-nos com a habilidade de amar e de criar empatia da Mãe. Precisamos alcançar as pessoas, mostrando-lhes, em simples palavras e ações, que nos importamos com elas, e tomando atitudes para cultivar relacionamentos mais harmoniosos. Também podemos abraçar as suas energias nutritivas para ajudar a empoderar projetos que então possam se manter por conta própria, quando as nossas energias diminuírem na fase da Feiticeira.

Qualquer que seja a nossa idade, de termos ou não termos filhos, nós incorporamos a Mãe.

A Bênção do Útero e a cura da fase da Mãe

A energia da Bênção libera e cura as feridas e sentimentos dolorosos aos quais nos agarramos, e cura as cicatrizes que fecharam os nossos olhos no decorrer dos anos. Ela limpa os bloqueios que nos impedem de amar e aceitar a nós mesmas, que nos impedem de confiar nas pessoas e na Divindade e que são uma barreira à intimidade e ao amor.

A mulher que recebe a sincronização da Bênção do Útero nessa fase pode muitas vezes sentir-se chorosa, gentil e carinhosa, e querer abraçar aqueles que estão com ela para expressar seu sentimento de amor profundo por todas as coisas.

Durante o seu renascimento após a sincronização, as energias trabalham com o arquétipo da Mãe para trazer cura ao nosso coração, às nossas relações e aos nossos medos, e para nos dar força emocional para sermos abertas e vulneráveis ao mundo. Podemos redescobrir nossa calma interna e a paz que vem com a autoaceitação, e sentir-nos inteiras e completas. Podemos também sentir amor e compaixão profundos crescerem em nossas vidas, permitindo-nos fazer sacrifícios para apoiar os outros.

Para viver e trabalhar mais conscientemente com o despertar e a cura do arquétipo da Mãe no mês após a Bênção, veja o Capítulo 9.

Exercício: Acolhendo as energias da Mãe Lua Cheia

Esta meditação nos ajuda a nos conectar com as energias da Mãe, e é baseada em uma meditação do livro *Lua Vermelha*. Nosso arquétipo Mãe é fortemente vinculado à natureza, e ela experimenta o mundo por meio de sua sensualidade e de seus sentimentos. Essa é uma meditação do "sentir", pois a nossa Mente Sentimental é a dominante na fase da Mãe.

Se você está recebendo a Bênção do Útero em sua fase Mãe, talvez você queira incluir essa meditação nos dias remanescentes da sua fase.

Sente-se em um jardim ou em algum lugar onde possa ter a visão de árvores ou plantas.

Perceba o esplendor das cores, a profundeza das sombras e o brilho da luz do sol.

Agora, imagine, saiba ou sinta que a paisagem se funde à maravilhosa vestimenta da Mãe Terra. Reconheça a si mesma como parte da sua veste e sinta a sua presença ao seu redor.

Sinta ao seu redor a paz e a harmonia interna que ela traz, e sinta o amor borbulhar de suas profundezas, como em uma fonte. Toda a vida à sua volta está conectada às tramas e curvaturas da vestimenta da Mãe, que reluz com as energias criativas que dela irradiam.

Torne-se consciente dessas energias criativas dentro de si, conectando você a toda vida. Sinta a sua pulsação em seu coração e em suas mãos, trazendo a necessidade de estender os braços para nutrir e cuidar.

Permita que essas energias se espalhem para além de você. Suas próprias necessidades já não são importantes, já que o seu desejo é confortar, proteger e ajudar a curar e amenizar a dor dos outros.

Descanse nas energias da Mãe.

Quando estiver pronta, traga a sua atenção de volta ao seu entorno. Sinta amor e paz por tudo o que você vê e leve esses sentimentos à sua vida corriqueira.

Encontrando o outono/arquétipo da Lua Minguante Feiticeira

Quando o amarelo das árvores começou a ganhar uma tonalidade laranja e as folhas começaram a cair, a beleza madura da Feiticeira Outono encontrou a Primeira Mulher juntando gravetos para uma fogueira.

A Feiticeira Outono vestia um manto de plumas negras e pequenos sinos prateados que tilintavam quando ela caminhava. Sem falar, ela ajudou a Primeira Mulher a limpar o solo dos galhos caídos e a fazer uma grande fogueira.

Com um gesto gracioso, a sua magia acendeu o fogo, e ela começou a dançar, com os pés batendo no ritmo do coração da terra.

Na noite profunda, a Primeira Mulher e a Feiticeira Outono teceram juntas a magia selvagem da terra e do ar, do fogo e da água.

Uma meia-lua prateada brilhou enquanto a Feiticeira dançava, e em uma espiral de luz, com uma explosiva gargalhada, ela devolveu à Primeira Mulher a faca que a Mulher Coruja havia dado a ela.

O arquétipo da Feiticeira: adentrando a escuridão

O arquétipo da Feiticeira é a energia da mudança, do deixar ir, da essência selvagem e da consciência espiritual. Ela habita as cores douradas da terra quando a força da vida se retira no outono. Ela é a luz que diminui ao atravessar a face da lua, e o perigoso redemoinho da maré que baixa. Ela é o declínio da luz do sol e a crescente escuridão do crepúsculo. À medida que nos deslocamos da fase ovulatória para a fase pré-menstrual, a Feiticeira nos traz essas poderosas energias.

A fase da Feiticeira nos pede que dancemos escadaria abaixo, dando boas-vindas à escuridão e adentrando o coração do labirinto. À medida que a luz exterior se dissolve gradualmente, a nossa energia física, mental e emocional também o faz, e nossa dança se torna mais lenta, uma expressão da nossa crescente consciência espiritual. Quem nós somos, ao dançar cada degrau dessa descida, pode ser muito diferente de quem nós somos quando finalmente descansamos no centro. Na escuridão, não há nenhuma luz que nos guie: somente as mãos da Feiticeira e suas necessidades, sua intuição e sua magia. Ela é a bruxa que traz a beleza madura, a sedutora que encanta, a deusa do sexo e da magia e a deusa do desafio e da mudança. Ela é linda, empoderada, sexual, ilimitada e mágica.

Na fase pré-menstrual, assim como nas outras fases, também somos regidas por uma forma de pensamento dominante, que no caso da Feiticeira chamaremos de "Mente Subconsciente". É o subconsciente que nessa fase se manifesta em nossos níveis de pensamento e consciência. A Feiticeira nos leva além do pensamento cotidiano para o mundo magicamente criativo do subconsciente, e nossas energias uterinas permanecem centradas, espiralando em nosso útero.

Para muitas mulheres, essa é a fase mais difícil, pois elas tentam se encaixar nas expectativas de um mundo que não reconhece o seu momento de baixa, e como consequência elas vivem os efeitos de uma Feiticeira frustrada. A imagem da mulher pré-menstrual como exigente, zangada e rabugenta, sempre a repreender, desafiar e ameaçar, com seu temperamento instável, desagradável e agressivo, é a imagem de uma mulher que não está livre para abraçar as energias da sua Feiticeira. Essa mulher é incapaz de descansar e de se retirar, ou de dar a si mesma a nutrição que a fase da Feiticeira requer, e que se sente ameaçada simplesmente por ignorar quem ela é e os incríveis poderes criativos e espirituais que ela incorpora.

Não é de se admirar que muitas mulheres odeiam quem elas são nessa fase, cujos sintomas destroem relacionamentos e tornam difícil a sobrevivência. As mulheres podem escapar dessa fase bloqueando o seu ciclo; mas, ao fazer isso, elas perdem as suas energias femininas para uma sociedade que é a causa do problema, e não a solução.

Equilibrando as energias da Feiticeira

Para equilibrar a Feiticeira em nossas vidas, precisamos aceitar as mudanças de nossas fases e nos nutrir, dormindo e descansando mais e buscando nos expressar criativa e espiritualmente. Pode ser difícil controlar as reações emocionais da Feiticeira, uma vez que elas vêm diretamente do subconsciente e ocorrem antes mesmo que o nosso cérebro racional se dê conta disso.

Quando negamos a nossa crescente necessidade de retiro e descanso, nosso cérebro primitivo tende a ver qualquer coisa que drena a nossa energia como uma ameaça – e então, nós atacamos. Ao reprimir as energias da Feiticeira, damos espaço à frustração e vemos crescer a sensação de vazio interior e de falta de poder e valor.

As mulheres que vivem em um ambiente no qual se sentem ameaçadas se identificam com a Feiticeira, já que suas emoções extremas podem provocar um senso de empoderamento pessoal. Quando estamos com raiva, podemos nos sentir poderosas. No entanto, quando expressamos e nutrimos as suas energias e necessidades, sentimos amor-próprio – e por meio daquele amor nos sentimos empoderadas para fazer qualquer mudança que precisemos em nossas vidas.

Aceitando as energias da Feiticeira

Aceitar a Feiticeira não é sempre fácil, especialmente se ela se encontra em desequilíbrio e cria alterações de humor extremas, dor, sintomas de desconforto físico, atividades compulsivas e sentimentos de vazio, isolamento, ansiedade e momentos profundos e repentinos de retirada do mundo.

Muitas mulheres simplesmente não são capazes de desacelerar durante a fase da Feiticeira, devido ao elevado nível de pressão e expectativas, além dos prazos e responsabilidades em suas vidas. Elas então combatem todas as tentativas da Feiticeira de fazer com que se retirem e descansem mais, até que, exaustas de lutar contra uma Feiticeira que também combate de forma ainda mais dura, elas "consertam" o problema por meio da supressão hormonal.

Para outras mulheres, cuja infância foi marcada por falta de amor, de aceitação e de validação, os padrões em seu subconsciente usam os "sintomas" da fase da Feiticeira para gritar ao mundo a sua necessidade de amor-próprio e autoaceitação.

Algumas mulheres, no entanto, amam a fase da Feiticeira, devido ao turbilhão de energia sexual e criativa que ela traz, além de maravilhosa inspiração, *insights* e conexão espiritual profunda. Para as mulheres que conseguem descansar mais na fase da Feiticeira, que podem reservar tempo para a sua expressão criativa e espiritual e que não têm medo de adentrar em seu mundo interior, a Feiticeira pode trazer presentes inacreditáveis.

A criatividade da Feiticeira

A Feiticeira nos presenteia com uma inspiração elevada, necessidade de purificação e de espaço, impulsividade, intuição e o mágico poder de manifestação. A criatividade que ela traz pode ser descontrolada, impulsiva e compulsiva.

Para estarmos em paz e harmonia nessa fase, é importante termos um simples projeto para liberar nossas energias criativas. O resultado da criatividade da Feiticeira não é importante – o que é importante é atender à necessidade dela de permitir que sua criatividade flua ao mundo, e poder experimentar essa alegria selvagem durante o processo.

A espiritualidade da Feiticeira

A Feiticeira habita entre a luz e a escuridão, entre os mundos internos e externos, e entre o mundo manifesto e o mundo espiritual. Ela nos traz o desejo de interagir com o mundo espiritual, de trazer oráculo e orientação das profundezas de nossa intuição, e de criar a magia simples da sábia mulher das ervas e da natureza, assim como a magia ritual da sacerdotisa.

A sua espiritualidade é só dela, livre de regras e restrições, e se origina de sua conexão espiritual pessoal com o Sagrado Feminino.

O sexo e as energias da Feiticeira

A Feiticeira também traz a magia de uma energia sexual vibrante, sensual e erótica. Nossa energia sexual é originada em nossa viagem dinâmica à escuridão, sendo uma afirmação de vida e uma resposta à liberação das inibições que aprisionam nosso subconsciente no restante do mês. A sexualidade da Feiticeira pode ser mais sensual, talvez mesmo exótica, e com uma tendência dominadora maior que em qualquer outra fase. No entanto, ela também pode ser expressa por meio da vulnerabilidade e da necessidade de ser reconfortada e tranquilizada.

As energias da Feiticeira respondem à aceitação inconsciente de nosso poder pessoal, da aceitação de nós mesmas e de nosso nível de amor-próprio. Quando não temos autoaceitação e amor por nós mesmas, nosso desejo sexual pode se tornar exigente e dominante, ou carente e necessitado. Quando acolhemos nossa jornada ao labirinto, amamos a nós mesmas e atendemos às nossas necessidades, trazemos equilíbrio e amor às energias sexuais entusiasmadas e aventureiras da fase da Feiticeira.

À medida em que nos aprofundamos na viagem à escuridão, experimentamos um declínio gradual em nossas energias físicas, mas nesse declínio podemos experimentar múltiplos picos de energia. No início da fase, esses picos de energia dinâmica podem aparecer muitas vezes no dia, mas à medida em que adentramos mais a fase, eles são reduzidos em duração e força e acompanhados de períodos maiores de baixa energia física.

Finalmente, nossos picos de vitalidade se foram, e entramos nas energias da próxima fase, a Bruxa Anciã. Isso significa que os nossos picos de desejo em participar ativamente em experiências sexuais irão diminuir até que esse pico seja um simples reconhecimento de um desejo sexual, que então desaparecerá em questão de segundos!

Acolhendo a Feiticeira dentro de nós — qualquer que seja a nossa idade

A fase da Feiticeira nos pede para nos desconectarmos dos desejos e necessidades cotidianas e nos retirarmos a um aspecto mais profundo e espiritual da vida. Para equilibrar as energias dela, precisamos abraçar a sua magia, talvez criando pequenos rituais ou tarefas cotidianas – por exemplo, fazer afirmações de saúde enquanto mexemos a panela de espaguete. Precisamos dar mais amor ao nosso subconsciente, fazendo coisas que nos alimentem, e precisamos, de alguma forma, liberar a criatividade e a inspiração da Feiticeira. Mas o mais importante de tudo, nesse mundo de atividade e conexão, precisamos de tempo para nos retirar e ficar sozinhas com ela.

Qualquer que seja a nossa idade, nós incorporamos a magia da Feiticeira.

A Bênção do Útero e a cura da fase da Feiticeira

A sincronização da Bênção do Útero nos ajuda a liberar velhas memórias, raiva e frustração, e a reconhecer que, por trás desse padrão, está a nossa falta de amor-próprio e autoaceitação. A Bênção nos permite ver os pensamentos e ações negativas da fase pré-menstrual, assim como as mensagens que nos mostram nossa falta de amor-próprio e nossa negligência no confronto da fase Feiticeira em nossas vidas.

Durante nosso renascimento após a Bênção, as energias trabalham com o arquétipo da Feiticeira para liberar nossos padrões inconscientes profundos, nossas memórias e crenças, e para curar as emoções negativas associadas a elas, ao transformar essas emoções em força e amor. A Feiticeira nos traz mensagens de medo, de forma que então possamos ver o caminho do amor, e ela cria o espaço para que a Bruxa Anciã traga a transformação às nossas vidas. A energia da Bênção também nos ajuda a redescobrir a nossa espiritualidade de Feiticeira natural, para despertar novamente nossa inspiração intuitiva e nossa poderosa criatividade, e então sentir alegria nessa fase.

Nossa energia é diminuída na fase da Feiticeira, por isso é importante se alimentar de forma saudável e regular após a sincronização da Bênção do Útero, assim como dormir mais para dar ao nosso corpo os recursos de que ele precisa para apoiar nossas mudanças energéticas. Quando aceitamos o declínio de nossas energias e o nosso retiro natural para uma consciência espiritual da vida, estamos um passo mais próximas de nossa feminilidade autêntica.

A fase da Feiticeira pode ser mais intensa após a Bênção do Útero, uma vez que ela limpa aquilo que está entulhando a nossa vida, para permitir que a cura e o novo crescimento tenham lugar. Dessa forma, precisamos ser gentis conosco, tomar tempo para alimentar nosso corpo e nossas emoções, e para reduzir as atividades ou eleger prioridades, especialmente no fim dessa fase. O Equilíbrio das Energias Femininas oferecido pelas Moon Mothers pode ser de grande apoio nessa fase.

Para viver e trabalhar mais conscientemente com o despertar e a cura do arquétipo da Feiticeira no mês após a Bênção, veja o Capítulo 9.

Exercício: Invocando as energias da Lua Minguante Feiticeira

Na fase da Feiticeira, recebemos os dons da criatividade desenfreada e da inspiração. Agitando a sua varinha mágica, podemos imaginar e tornar real qualquer coisa que quisermos – por essa razão, um pensamento negativo que nos chega nessa fase parece extremamente real, mesmo não sendo verdadeiro!

Em meu livro *The Optimized Woman*, a Mente Subconsciente, que é dominante nessa fase, é comparada a um cachorrinho, que correrá atrás de qualquer coisa que você jogar para ele. Nossa "mente-cachorrinho", então, nos trará aquilo que jogamos a ela e mais várias outras coisas parecidas que ela encontrar. Em vez disso, para manter a nossa ávida "mente-cachorrinho" e os nossos poderes criativos distantes dos pensamentos negativos que lhe atiramos, precisamos dar a ela algo positivo com o que brincar.

O exercício seguinte está baseado em outro exercício do livro *The Optimized Woman*. Se você está recebendo a Bênção do Útero em sua fase Feiticeira, uma sugestão é fazer essa meditação nos dias restantes da sua fase.

> Identifique um problema que precise ser solucionado, ou alguma situação para a qual você precise de orientação ou inspiração.
>
> Durante a fase da Feiticeira, simplesmente permita que o seu subconsciente amplificado processe aquele tópico ou problema. Você não precisa fazer nada, simplesmente estar receptivo para que as ideias, reações ou sincronicidades cheguem de forma fluida a você.
>
> Quando você interage ativamente com os poderes intuitivos da Feiticeira e libera a sua criatividade para o mundo, você se sente bem!

Ideias e sincronicidades podem chegar a qualquer momento, e, nessa fase, na qual as habilidades mentais são diminuídas, podemos facilmente esquecê-las. Por isso, carregue um caderno com você, para ir anotando as ideias assim que elas aparecerem.

Encontrando o inverno/arquétipo da Lua Escura Anciã

Uma camada profunda de neve cobria o solo quando a Anciã do Inverno encontrou a Primeira Mulher curvada diante de uma pequena fogueira. A Anciã do Inverno vestia roupas e peles esfarrapadas e se apoiava em um cajado torcido, fumando um cachimbo. Sua face era atravessada por linhas profundas, mas seus olhos brilhavam de sabedoria.

Elas se sentaram juntas, observando o fogo, e a Anciã do Inverno arrastou um tambor de debaixo de suas vestes e o aqueceu ao brilho do fogo.

Em seguida, a Anciã do Inverno começou a tocar o tambor, enquanto cantava suavemente, em voz baixa. Ela cantou a Criação do Mundo, a criação da Primeira Mulher, dos Primeiros Animais, do Povo das Estrelas e da profundeza do espaço. Ela cantou sobre a Mãe Universal, sobre seu amor e seu espírito, que preenchem todas as coisas. Ela cantou sobre a Mãe da Compaixão e do Amor, que sustenta o mundo em seu abraço cálido, e sobre a Mãe Terra, que nos veste em nossos corpos e nos preenche de vida.

Quando ela parou, ela tirou a tigela de obsidiana da Primeira Mulher de debaixo de suas peles e, estendendo-lhe, disse:

– Eu teria lhe trazido isso antes – ela se desculpou, – mas sou velha e lenta.

Com os quatro objetos de poder de volta a seu cinto, a Primeira Mulher sentiu que a tigela de seu ventre se preenchia novamente com as águas da vida e com a chama da criação.

O arquétipo da Bruxa Anciã: nossa jornada termina

Ainda que possamos usar o nosso diário e os primeiros sinais de sangramento para nos ajudar a saber quando estaremos mudando para as energias arquetípicas da Bruxa Anciã, na verdade é aquilo que sentimos pessoalmente que nos diz quando as energias mudaram.

A Bruxa Anciã se senta no coração do labirinto, e ela é a energia do potencial, do equilíbrio, da tranquilidade, da hibernação, da morte e do Universo. Ela é a calmaria silenciosa do inverno, o retiro da força da vida da hibernação, a face oculta da lua, e a quietude vazia da maré baixa. Ela é o momento mais escuro da noite antes que a aurora dê início ao novo dia. Quando ela adentra nossas vidas, na menstruação, ela traz profundidade e quietude.

A mente dominante na fase da Bruxa Anciã é a do "pensamento da alma", que nos guia pelos sentimentos de nosso coração para que saibamos o que é importante para nós e qual é o nosso propósito e direcionamento na vida. As energias do nosso centro do útero fluem, descendo na direção da terra e criando uma forte conexão terra-útero. A Bruxa Anciã é a velha mulher sábia, a velha bruxa isolada, a Deusa oculta do submundo e a Deusa das almas e do renascimento.

A Bruxa Anciã nos dá a oportunidade de deixar para trás a nossa bagagem emocional. Na escuridão do coração do labirinto, podemos abandonar nossas emoções e experiências do mês que passou e iniciar uma jornada de voltar para a luz, sentindo-nos purificadas e renascidas. A Bruxa Anciã também nos presenteia com *insights* e uma consciência interna elevada, a habilidade melhorada de perdoar e deixar ir, e a conexão com uma perspectiva universal. Ela nos ajuda a nos comprometer com um novo caminho e nos mostra o que é preciso ser curado e perdoado, dando-nos uma segunda chance para fazer as coisas melhor e em alinhamento com a bondade de nossa alma.

Equilibrando a Bruxa Anciã

As energias da Bruxa Anciã se equilibram em nossa fase menstrual quando descansamos mais e nos retiramos do mundo. Quando aceitamos nossa lentidão, nossa mente pacífica e nossa falta de desejos, podemos sentir a unidade espiritual com o Universo e experimentar a sabedoria interna que nos indica quais são as decisões certas para nós ou a direção que devemos tomar.

Se reprimimos as energias da Bruxa Anciã, forçando-nos contra a natureza dela, a falta de tempo para nos curar e restaurar nossas energias nessa fase pode nos deixar cansadas e esgotadas na nossa próxima fase Donzela ou no decorrer do mês. Sem o envolvimento da Bruxa Anciã em nossas vidas, também podemos sentir que nos falta propósito ou direção.

Para algumas mulheres, a fase da Bruxa Anciã oferece uma fuga do mundo cotidiano, e a excessiva identificação com as energias dela faz com que elas vivam uma espiritualidade não ancorada, tornando difícil a participação na vida cotidiana.

Aceitando as energias da Bruxa Anciã

A fase da Bruxa Anciã pode ser um enorme desafio para muitas mulheres. Para algumas, há um enorme senso de alívio pelo término da corrida caótica por uma montanha-russa física, mental e emocional, mas, para muitas, especialmente para aquelas cujos trabalhos exigem estar com as habilidades intelectuais afiadas e altos níveis de performance, essa fase pode trazer a sensação de estarmos incapacitadas.

Vivemos em mundo que se encontra estacionado nas energias arquetípicas da Donzela, e, por isso, para muitas mulheres, pode ser desafiador renunciar a elas e aceitar o fluxo cíclico de seus corpos e de suas habilidades. Talvez seja emocionalmente difícil para nós nos permitir esse retiro e descanso – sentimo-nos culpadas por não nos sentirmos produtivas ou sentimos que não somos "boas o suficiente" se não estamos cumprindo as mesmas horas de trabalho de outra pessoa. Esses pensamentos ativam o nosso instinto de sobrevivência, e podemos nos ver ou suprimindo essa fase e atropelando-nos para continuar produtivas, ou sentindo-nos emocionalmente sobrecarregadas pela escuridão que nos força a descansar.

Se combatemos essa fase, perdemos os poderes restauradores e curativos da Bruxa Anciã, não conseguimos perdoar a nós mesmas e não escutamos a orientação interna de nossa alma, assim como não experimentamos a nossa intrínseca união com o Universo.

A criatividade da Bruxa Anciã

A Bruxa Anciã é o imenso poder que cria as estrelas e as almas de toda a vida. A sua criatividade habita em quietude e tranquilidade – um espaço sustentado para ser preenchido com conhecimento interno, sentimentos gentis e uma sabedoria intuitiva que vai além das palavras. Não há necessidade de expressar a nossa criatividade externamente – simplesmente precisamos ficar quietas, sustentar a nossa intenção em nosso coração e permitir que o seu fluxo vibrante flua ao mundo para criar o nosso propósito.

A espiritualidade da Bruxa Anciã

A Bruxa Anciã não tem nenhum desejo por espiritualidade intelectual, rituais interativos ou manifestação mágica. A sua espiritualidade habita na unidade do ser. A vida cotidiana é uma meditação, uma prece sem palavras e uma interação amorosa com o Sagrado Feminino em todas as suas formas.

As energias da Bruxa Anciã e o sexo

A espiritualidade e a sexualidade da Bruxa Anciã se fundem em uma noção de ser. Muitas mulheres não experimentam um desejo por sexo ativo nessa fase, e isso é mal interpretado como uma falta de energias sexuais.

A fase da Bruxa Anciã nos oferece uma abordagem sexual que reúne os sentimentos de desapego, de abertura ao Universo, de amor e confiança e uma união profunda de almas. O sentimento de sermos totalmente abertas e receptivas com um parceiro em uma experiência plena faz com que o sexo se torne uma oração e uma meditação espiritual no amor.

As mulheres que experimentam um desejo de sexo ativo nessa fase podem achar fácil alcançar o orgasmo ou experimentar um clímax mais profundo. Independente de estarmos ativas ou passivas sexualmente, o sexo é a expressão profunda da nossa fusão sensual de almas com a Divindade.

Acolhendo a Bruxa Anciã dentro de nós — qualquer que seja a nossa idade

A Bruxa Anciã nos traz o presente poderoso e maravilhoso de um estado meditativo que cria conexão com a alma, cura e restauração, além de uma aceitação natural de todas as coisas. Ao acolher as suas energias potencializadas nessa fase, parando, descansando, meditando tranquilamente e deixando que o mundo continue sem nós, permitimos que a vida aconteça sem interromper o seu caminho. Ao fazer isso, o Sagrado Feminino assume o controle, e a magia acontece em nossos corpos e em nossa vida.

A Bruxa Anciã nos oferece como presente a incrível habilidade de sermos renovadas a cada mês, e de levar a sabedoria dela e expressá-la no mundo da luz.

Qualquer que seja a nossa idade, incorporamos as energias da velha e sábia Bruxa Anciã, e nos erguemos com um dos pés no mundano e o outro entre as estrelas.

A Bênção do Útero e a cura da fase da Bruxa Anciã

A sincronização da Bênção do Útero nos permite tomar maior consciência das energias de quietude e conexão espiritual da Bruxa Anciã, e a aceitar que elas têm seu propósito e seus benefícios em nossas vidas. Elas nos ajudam a ver a importância que o descanso tem durante a fase menstrual, já que essa é a forma de nos conectarmos com esse aspecto de nosso ser. A Bênção também libera padrões negativos a respeito de nosso sangramento, advindos não só da forma como fomos criadas, mas também de nossa linhagem ancestral. Ela nos ajuda a recuperar a sacralidade de nosso sangue e de nosso tempo de sangramento, a desfrutar os presentes da Bruxa Anciã e a aceitar a realidade das coisas como elas são, com amor – aceitando, sobretudo, a nós mesmas.

As mulheres que recebem a Bênção do Útero nessa fase podem com frequência experimentar fortes visões, orientação e conhecimento de seu propósito na vida. Após a sincronização, elas podem ter a necessidade de ficar quietas, dormindo ou sem fazer nada.

Durante o nosso renascimento após a sincronização da Bênção do Útero, as energias trabalham com o arquétipo da Bruxa Anciã para liberarem bloqueios profundos que encobrem o nosso padrão feminino de alma, para permitir que suas energias guiem e fluam em nossas vidas. Podemos despertar na direção da Bruxa Anciã, já que ela nos leva à harmonia com as nossas almas, em alinhamento como Sagrado Feminino. Somos empoderadas por uma profunda transformação e renascimento, e podemos redescobrir a espiritualidade no burburinho da vida moderna.

A Bênção do Útero também pode nos trazer a fase da Bruxa Anciã antes do esperado em nosso ciclo, bem como diminuir ou aumentar o número de dias em que sangramos, ou diminuir o volume de nosso sangramento. Isso ocorre porque o ciclo de nosso corpo é ligeiramente alterado em relação ao ciclo lunar, fazendo com que nossa ovulação e nossa menstruação ocorram em uma fase lunar diferente.

O alinhamento de nossa menstruação com as fases lunares é um reflexo do caminho que estamos trilhando naquele momento, bem como de nosso propósito na vida. Às vezes, quando não escutamos a Bruxa Anciã, nosso propósito e nossa orientação cíclica se desalinham. A Bênção retorna o nosso ciclo a seu alinhamento autêntico. Podemos ver isso como um sinal maravilhoso da energia que está curando e transformando ambos, nossos corpos e nossas vidas.

Para viver e trabalhar mais conscientemente com o despertar e a cura do arquétipo da Bruxa Anciã no mês após a Bênção, veja o Capítulo 9.

Exercício: Celebrando as energias da Lua Escura Anciã

As energias da Bruxa Anciã podem muitas vezes alcançar o seu auge nos primeiros dois ou três dias de sangramento. Nesse período, é importante que possamos restaurar a nossa energia física, e que tomemos tempo para meditar ou estar em contemplação, para nos conectarmos com a sabedoria da Bruxa Anciã e seus desejos de alma.

As três meditações abaixo foram desenhadas para conectá-la com a Mente da Alma, que é a dominante nessa fase. Se você está recebendo a Bênção do Útero em sua fase Bruxa Anciã, talvez você queira incluir essas meditações no decorrer da sua fase.

Nos três primeiros dias de sangramento, acenda uma vela e leia a mensagem do Sagrado Feminino correspondente a ela.

Relaxe e permita que as palavras penetrem fundo em seu ser. Escute a verdade delas que ressoa em seus ossos.

Relaxe ainda mais profundamente e sinta o amor e a sabedoria da Bruxa Anciã dentro de você.

Saiba que, nesse espaço e tempo, você toca a face do Sagrado Feminino.

Primeiro dia de sangramento:

A presença do Sagrado Feminino reside
na quietude e na consciência interior.

Cada expressão do ser, cada momento de silêncio,
cada ato de consciência interior é uma oração que conecta você
ao Sagrado Feminino.

Segundo dia de sangramento:

Esqueça o que os outros esperam de você agora.

Você descansa no coração do labirinto.

Só o que importa é a voz do Sagrado Feminino.

Terceiro dia de sangramento:

Ao demorar-se na presença do Sagrado Feminino, nós nos transformamos.

Não do topo para baixo, mas das profundezas emergindo para a luz.

Descanse agora, na escuridão do Sagrado Feminino, e transforme-se.

Essas mensagens foram baseadas no livro *Spiritual messages for women* (*Mensagens espirituais para mulheres*), de Miranda Gray.

Um guia rápido sobre as energias arquetípicas e suas associações

Nossa relação com nossa natureza cíclica, com nossas energias femininas e com o Sagrado Feminino é pessoal para nós, mas há muitas outras experiências das nossas energias cíclicas que são comuns a outras mulheres.

O Sagrado Feminino não diz respeito a regras e regulamentos, mas a criatividade, exploração e brincadeira. Podemos usar as ideias e experiências de outras mulheres como *inspiração*, e então explorar nosso ciclo único e a nossa relação pessoal com o Sagrado Feminino.

ARQUÉTIPO DA DONZELA	ARQUÉTIPO DA MÃE	ARQUÉTIPO DA FEITICEIRA	ARQUÉTIPO DA BRUXA ANCIÃ
Fase pré-ovulatória	Fase ovulatória	Fase pré-menstrual	Fase menstrual
Lua crescente	Lua cheia	Lua minguante	Lua escura
Primavera	Verão	Outono	Inverno
Crescimento/Botão	Abundância/Flor	Declínio/Fruto	Retiro/Hibernação
Energia para o exterior	Energia para o exterior	Energia para o interior	Energia para o interior
Jovem menina	Mulher fértil	Mulher na pré-menopausa/Mulher nos primeiros anos ativos da pós-menopausa	Mulher anciã/Mulher nos anos passivos da pós-menopausa
Donzela Flor	Mãe Terra	Linda e madura Feiticeira/Bruxa	Velha e sábia mulher/Bruxa Feia
Crescimento e encantamento	Amadurecimento e experiência	Desafio e transformação	Restauração, gestação e renascimento
Branco, amarelo, verde brilhante	Branco, rosa, verde profundo	Roxo intenso, preto, azul profundo	Preto, vermelho, marrom, roxo profundo
Donzela da pureza	Donzela da compaixão	Donzela dos milagres	Donzela da caverna
Mente Pensante dominante	Mente Sentimental dominante	Mente Subconsciente dominante	Mente da Alma dominante

Sexo dinâmico/Atos sexuais lúdicos	Sexo abundante/ Atos sexuais emocionais	Sexo erótico ou "carente"/Sexo mágico	Sexo espiritual/ Atos sexuais passivos
Espiritualidade Idealista/Baseada no intelecto	Espiritualidade Amorosa/Baseada nas pessoas	Espiritualidade Mágica/Baseada na terra	Espiritualidade Universal/Baseada na Unidade
Escrever listas/ Estruturar e planejar	Cozinhar/ Fazer coisas	Pintar figuras inspiradas/Escrever poemas intuitivos/ Dançar	Contemplar/Escutar seu coração e sua alma
Iniciar projetos	Sustentar projetos	Revisar projetos	Descansar e refletir

Exercício: Os arquétipos e os seus pontos de energia íntimos

Na Cura do Útero – Equilíbrio das Energias Femininas, as Moon Mothers trabalham com os pontos de energia arquetípica que formam uma rede ou portal na área do útero da receptora, de forma a restaurar as suas energias. A cura cria uma conexão equilibrada e fluida entre os arquétipos, para trazer harmonia a nossos ciclos ou facilitar o processo de fusão durante a nossa jornada para a pós-menopausa.

Há um outro conjunto de pontos energéticos mais íntimos que podemos usar para uma autocura e para ajudar a energizar os arquétipos, e particularmente a sua vibração sexual.

Para essa meditação, inspire lenta e profundamente e expire de forma relaxada.

Sente-se ereta e confortavelmente ou deite-se para esta meditação.

Leve a consciência a seu clitóris. Enquanto você inspira a energia da terra lentamente, diga em sua mente: "Donzela".

Expire lentamente.

Leve a consciência a seu ponto G, na parte interna da entrada da vagina. Lentamente inspire, dizendo em sua mente: "Mãe".

Leve a consciência a sua cérvix – a entrada de seu útero. Inspire devagar e diga mentalmente: "Feiticeira".

Expire lentamente.

Leve a consciência a seu útero e ovários. Inspire lentamente e diga em sua mente: "Bruxa Anciã".

Expire lentamente.

Deixe que a energia descanse em seu útero e seus ovários enquanto você respira normalmente.

Repita a sequência respiratória diversas vezes.

Praticar essa meditação pode fazer com que o orgasmo seja mais fácil, ou pode mudar a experiência que temos no orgasmo, especialmente se estamos na pré-menopausa ou na pós-menopausa.

Ciclos dentro de ciclos: combinando as energias arquetípicas

A lua acima e a lua interior

O ciclo menstrual é uma das influências mais impactantes nas mulheres adultas e afeta todos os níveis de seu ser. Quando não somos dominadas pelas reações decorrentes do estresse, o modo como nós pensamos, sentimos e nos comportamos pode ser dominado pela fase que estamos experimentando naquele momento, e o nível de consciência e habilidades potencializadas que ela oferece.

Mas há outra influência que todas nós podemos experimentar: o efeito da lua. Algumas de nós estão muito conscientes dos efeitos do ciclo da lua, especialmente se suas fases coincidem com as nossas próprias fases cíclicas, já que isso potencializa nossos sentimentos e experiências. Por exemplo, a lua crescente é associada à mesma energia arquetípica da Donzela em nossa fase pré-ovulatória: portanto, quando ambas se combinam, podemos sentir nossas energias dinâmicas amplificadas, junto a fortes desejos de iniciar coisas novas e sentimentos mais intensos de renovação e renascimento. A ovulação, quando ocorre junto à lua cheia, pode aprofundar os sentimentos maternais da Mãe, tais como generosidade, compaixão e empatia, enquanto a lua minguante amplifica a magia, a intuição e a espiritualidade da Feiticeira da fase pré-menstrual. Finalmente, a lua escura, retirada do céu, enriquece nosso próprio recolhimento ao estado Bruxa Anciã da menstruação, levando-nos a uma conexão mais profunda à consciência da alma e à consciência universal.

As mulheres cujo ciclo não está sincronizado com o ciclo lunar ou que têm um ciclo irregular, no entanto, recebem um presente incrível – a experiência de diferentes energias arquetípicas que se fundem. É como um pintor que mescla as cores para criar outras cores, novas e vibrantes. Essas mulheres envolvem uma paleta rica de experiências, advindas da fusão energética que ocorre entre seu próprio arquétipo e o arquétipo diferente da lua. Por exemplo, uma mulher que está na sua fase Donzela no momento da lua cheia, pode sentir suas energias Donzelas atenuadas e um direcionamento mais altruístico a suas metas e objetivos.

Um ciclo que não está em sincronia com a lua nos oferece uma experiência maravilhosa e múltipla, de inspiração e sabedoria singular a respeito do Sagrado Feminino, trazendo mais *insight* à criatividade e à complexidade maravilhosas que compõem a mulher.

Dançando o ciclo no ritmo das estações

A estação também influencia em como nos sentimos durante nossos ciclos. As quatro estações refletem as energias das quatro fases da lua e as energias das quatro fases do ciclo menstrual.

Cada estação nos envolve com as energias de um dos quatro arquétipos. Se somos cíclicas, elas podem enriquecer a nossa experiência do seu arquétipo associado, dentro de nosso próprio ciclo. Por exemplo, o inverno pode aumentar as energias de retiro da nossa fase menstrual Bruxa Anciã, trazendo-nos a vontade de hibernar; a força aceleradora da vida da primavera pode potencializar nosso impulso de sermos extrovertidas e dinâmicas na nossa fase Donzela, pré-ovulatória; as energias abundantes do verão podem abrir mais o nosso coração na fase ovulatória da Mãe; e as energias desprendidas do outono podem evocar fortes sentimentos de sermos mágicas e criativas na nossa fase pré-menstrual da Feiticeira.

A estação também tem um efeito nas outras fases de nosso ciclo que não são diretamente associadas a elas. Por exemplo, as energias dinâmicas da primavera se fundem às energias da menstruação, então nos tornamos uma "Bruxa Anciã Dinâmica". No verão, somos influenciadas pelas energias da Mãe na terra, para nos tornarmos a "Bruxa Anciã Amorosa". Nas nossas menstruações outonais, podemos expressar a "Bruxa Anciã Mística", e no inverno retornamos uma vez mais ao estado puro da Bruxa Anciã, na menstruação.

Em climas desérticos e montanhosos, e nas zonas subtropicais, a terra responde diferentemente à cada estação, se comparados aos climas temperados. A mitologia local, o folclore, as celebrações e rituais, as observações pessoais e intuições podem nos guiar ao reconhecimento das energias locais arquetípicas. Os exercícios neste livro podem ser facilmente adaptados para trabalhar com as quatro estações temperadas e podem também ser usados como inspiração para que as mulheres em outros tipos de clima criem o seu próprio caminho sazonal para se conectarem às energias arquetípicas.

Nossa experiência cíclica é uma combinação das energias do Sagrado Feminino, de uma forma única e maravilhosamente complexa. A influência dos ciclos do corpo, da lua e da terra são cumulativas. Por exemplo, podemos experimentar os efeitos da "Bruxa Anciã Tripla se menstruamos numa lua escura no inverno, ou o efeito de uma "Dupla Mãe" se ovulamos com a lua cheia. Os arquétipos são uma parte fundamental das nossas vidas, independente de estarmos ou não conscientes deles: unidos eles nos trazem a oportunidade de sentir um bem-estar cada vez maior, e de acessar nossa criatividade e ter *insights* espirituais de forma potencializada.

Os arquétipos e as mulheres não cíclicas

"Por que eu me interessaria em conhecer os arquétipos? – Os **meus ciclos** terminaram!"

É estranho como, para muitas mulheres, o útero pode se tornar uma parte do corpo sem importância, à qual não dão nenhuma atenção depois que os seus ciclos se encerram. O fato de que o útero das mulheres maduras seja visto como algo sem influência em nossas vidas é uma reflexão extremamente triste trazida pela sociedade moderna, e isso ocorre a menos que a passagem à menopausa crie sintomas incômodos. No entanto, mesmo que os nossos úteros não tenham mais o potencial para sustentar e fazer crescer uma criança, a energia do centro do útero ainda está em nós, e ainda carregamos os quatro arquétipos femininos e suas energias. A Mulher Cíclica expressa esses arquétipos por meio de suas fases cíclicas, mas, para a mulher da pós-menopausa, as energias arquetípicas são uma parte intrínseca de quem ela é e dos poderes "mágicos" que sustenta.

O que acontece na menopausa? Tornando-se completa

Imagine uma luminária de quatro lados, sendo cada um deles de uma cor diferente. Como Mulher Cíclica, viajamos ao redor da luminária, do lado de fora, e a vida é colorida pela luz de cada lado dela. Experimentamos a vida através da percepção das energias do arquétipo da fase pela qual estamos viajando. Mas, quando não somos mais cíclicas, tornamo-nos a lâmpada no centro da luminária, cuja luz branca contém em si as quatro diferentes cores.

Os quatro arquétipos femininos representam o nosso modo de pensar e perceber o mundo. Como Mulheres Cíclicas, a nossa forma dominante de ver o mundo muda à medida que viajamos pelas quatro diferentes fases. Como mulheres menopáusicas, temos uma oportunidade diferente – ficar de pé no centro de nossa consciência em um quinto estado da mulher, com os quatro arquétipos igualmente incorporados e unidos em um. Tornamo-nos uma Mulher Completa – incorporamos o nosso ciclo completo, o ciclo inteiro da lua e também o ciclo das estações. Somos completas em nosso próprio ser, e detentoras da sabedoria da Bruxa Anciã, da vitalidade da Donzela, do amor altruísta da Mãe e da criatividade mágica da Feiticeira.

Como a Bênção do Útero nos ajuda a nos tornarmos Mulheres Completas

O caminho para se tornar uma Mulher Completa começa na pré-menopausa e continua até que os nossos ciclos menstruais tenham desaparecido. Infelizmente, muitas mulheres não são capazes de alcançar a realização plena na beleza desse quinto estado, porque elas ainda têm aspectos de seu caminho cíclico que não foram realizados. Para fazer com que um arco-íris se funda na luz branca, todas as camadas de cor precisam ser representadas de forma clara e equilibrada.

Viver uma vida desconectada de nossa natureza cíclica faz com que não aceitemos ou expressemos alguns aspectos dos arquétipos, bem como suas energias. Durante a mudança de uma feminilidade cíclica para uma não cíclica, os aspectos arquetípicos que ainda não foram acolhidos completamente emergem à superfície para serem reconhecidos e integrados em nosso ser. Vemos que isso se manifesta, por exemplo, em mulheres que estão entrando na menopausa e querem deixar os seus parceiros ou famílias por parceiros mais jovens, porque não expressaram plenamente as energias sexuais selvagens da Feiticeira. Vemos isso em mulheres que, em um momento "tardio" da vida, de repente decidem estudar para tirar um diploma na universidade, pois não realizaram completamente as energias intelectuais da Donzela. Muitas vezes elas também abandonam carreiras muito bem pagas para fazer um trabalho vocacional no qual possam dedicar seus cuidados aos outros, para expressar o arquétipo Mãe que foi restringido. E acontece de também viajarem pelo mundo, explorando diferentes espiritualidades, para expressar as energias espirituais adormecidas da Bruxa Anciã.

A mudança para uma Mulher Completa pode ser um caminho assustador e confuso se não reconhecemos as necessidades e energias de cada arquétipo ou como podemos incorporá-lo de forma gentil e criativa, sem criar problemas em algum setor da nossa vida. Algumas mulheres nunca evoluíram para uma Mulher Completa, mesmo que seus ciclos tenham terminado há vários anos, porque os aspectos de seus arquétipos e energias permaneceram reprimidos por sua cultura e sociedade, ou pelas suas crenças e experiências de vida.

A confiança na pré-menopausa e na pós-menopausa chega com o **conhecimento das energias arquetípicas**, e o empoderamento da mulher advém de poder **reconhecer essas energias quando elas aparecem, e da habilidade de atender às necessidades delas**. Sem um ciclo repetitivo, um arquétipo pode permanecer dominante por inúmeras semanas, ou mesmo por meses. Ele pode ser dominante por um dia, ou podemos experimentar dois ou mais arquétipos fluindo através de nós no mesmo dia!

Sem uma compreensão dos arquétipos, podemos sentir que não temos o controle das coisas, ou que estamos entrando em colapso. Uma vez que o nosso ciclo menstrual se torna irregular ou desaparece completamente, viver em maior sintonia com o ciclo *lunar* pode nos ajudar a criar uma relação amorosa com cada arquétipo, para facilitar a energia de cada um deles em nossas vidas, sem medo e confusão, e para expressá-las como tesouros na nossa vida cotidiana. Conectar-se com o nosso centro do útero também pode nos ajudar a reconhecer a sua presença como a incrível fonte de nossas energias femininas e a casa de nossa alma feminina.

A Bênção do Útero é tão importante para as mulheres na pré-menopausa e na pós-menopausa como é para as Mulheres Cíclicas.

A Bênção do Útero nos ajuda a fazer a mudança de Mulher Cíclica para Mulher Completa, de forma que ela seja lindamente equilibrada e harmoniosa, e traga autoaceitação e empoderamento. Não precisamos esperar até que a pressão da necessidade de cada arquétipo que precisa ser liberado seja tão forte a ponto de causar problemas em nossas vidas, tamanha a intensidade do seu desejo de ser expressado. Em vez disso, a Bênção do Útero desperta esses aspectos de forma que possamos aceitá-los gentilmente e expressá-los de forma graciosa em pequenas coisas, durante as nossas vidas cotidianas.

A Bênção do Útero nos ajuda a liberar os velhos padrões de medo e as limitações de nossas próprias vidas que advêm de nossa linhagem feminina. Assim, podemos despertar aspectos faltantes dos arquétipos e sentir que a forma que a feminilidade está assumindo – ou assumiu – é tão maravilhosa, valiosa e poderosa quanto o é na idade fértil da mulher.

A *Cura do Útero – Equilíbrio da Energia Feminina*, oferecida pelas Moon Mothers, também pode servir como apoio em nossa jornada em direção à completude. As Moon Mothers trabalham com os pontos de energia arquetípica do corpo para liberar bloqueios e restaurar energia aos aspectos arquetípicos que **já estão ativos** em nossas vidas. Essa cura ajuda a equilibrar de forma suave o fluxo de energia entre os arquétipos e a permitir que eles se integrem na Mulher Completa. A Mentoria da Bênção do Útero, oferecida pelas Moon Mothers Avançadas, é particularmente empoderadora para mulheres na pré-menopausa e na pós-menopausa.

Menopausa não significa envelhecer – significa crescer

Como Mulheres Completas, somos a última expressão da fêmea humana. Podemos ser Mulheres Completas na fase Feiticeira de nossas vidas, participando ativamente no mundo como anciãs, mentoras e mulheres que constroem o futuro, ou podemos ser Mulheres Completas na fase Bruxa Anciã de nossa vida, vivendo fora da sociedade como guardiãs da sabedoria espiritual, detentoras da tranquilidade e guias para a Unidade.

Enquanto a fase da Donzela é uma linha, a fase da Mãe é um círculo, a da Feiticeira, uma espiral, **e o estágio final da maturidade feminina é um único ponto: a Bruxa Anciã.**

Exercício: Energizando as energias femininas – a Respiração do Caldeirão

Essa respiração trabalha com o aspecto físico do centro do útero (chamado o *Caldeirão*) para ajudar a energia a fluir para o centro do útero e dentro dele. Um útero energizado ajuda a mulher da pré-menopausa ou da pós-menopausa a se sentir centrada, forte, calma, completa e inteira. Também contribui para que suas energias sexuais estejam despertas e disponíveis para elas.

A respiração é focada nos três aspectos luminosos das energias femininas, a Donzela, a Mãe e a Feiticeira. A quarta fase, a Bruxa Anciã, está no silêncio e na pausa tranquila entre uma respiração e outra.

Faça uma inspiração curta e, enquanto isso, faça uma pequena contração, apertando os músculos de seu baixo-ventre, projetando o seu baixo-ventre ligeiramente para dentro. Em sua mente, diga: "Donzela".

Inspire um pouco mais, contraindo os músculos de seu baixo-ventre mais um pouco. Em sua mente, diga: "Mãe".

Inspire mais um pouquinho, contraindo mais ainda os músculos de seu baixo-ventre, e diga: "Feiticeira".

Pare por um momento. Mentalmente, diga: "Bruxa Anciã".

Expire, relaxando gentilmente o baixo-ventre em três estágios.

Podemos fazer a Respiração do Caldeirão diversas vezes em uma única sessão. Não é necessário ter um lugar especial. Essa respiração é uma prática diária, e os músculos do baixo-ventre são enrijecidos à medida que se tornam mais fortes. **As mulheres na pré-menopausa, na pós-menopausa e as mulheres pré-menstruais** podem achar que essa respiração é de grande apoio, além de muito energizante.

Completando a mulher: equilibrando os arquétipos todos os dias

Como mulheres na pós-menopausa, todos os quatro arquétipos estão igualmente acessíveis para nós. Para nos ajudar a reuni-los para que se fundam em completude, podemos conscientemente nos conectar a cada um deles e expressar deliberadamente as suas energias em forma de pequenas atividades durante o dia:

Donzela

Cumprir tarefas intelectuais e fazer alguma atividade física.

Dez minutos por dia fazendo cálculos ou sair para uma pequena caminhada.

Mãe

Focar no coração e em partilhar amor por meio de atividades que permitam cuidar de algo ou alguém.

Dez minutos por dia de jardinagem ou preparar uma xícara de café inesperada para alguém.

Feiticeira

Ocupar-se com projetos criativos e dedicar tempo para atividades espirituais.

Dez minutos por dia escrevendo um poema ou colorindo uma mandala.

Bruxa Anciã
Descansar ou escutar a orientação de seu coração.
Dez minutos por dia fazendo uma meditação de atenção plena ou simplesmente fechando os olhos.

Quando os quatro arquétipos são deliberadamente expressos todos os dias, começamos a senti-los como parte de quem nós somos. Também nos sentimos bem porque estamos atendendo às necessidades de nossos arquétipos e expressando a nossa autêntica natureza feminina.

Bem-estar essencial para a menopausa:
Precisamos de quatro porções essenciais dos arquétipos por dia.
Uma porção da Donzela, uma da Mãe, uma da
Feiticeira e uma da Bruxa Anciã.
Você está conseguindo as suas quatro porções por dia!

O mundo precisa da beleza e da sabedoria da Mulher Completa

Cada mulher é única, mas também temos muitas coisas em comum. À medida que trabalhamos com os arquétipos, podemos compartilhar nossas experiências e expressões de suas energias, e dessa forma outras mulheres também sentirão a ressonância e o chamado para seus próprios arquétipos internos. Podemos alcançar outras mulheres que já não têm um ciclo e convidá-las a se unirem ao Caminho da Bênção Mundial do Útero, para ajudá-las a despertar e acolher todos os aspectos de sua feminilidade autêntica. Podemos contribuir para que sintam que a sua feminilidade é um presente, que a transformação para Mulher Completa é mágica, transformadora e empoderadora, e que o útero é muito mais do que um órgão. O útero é o centro de energia sagrada que dá ritmo à nossa alma, à nossa criatividade e à nossa espiritualidade.

O mundo precisa da beleza e da sabedoria das Mulheres Completas – mulheres de profundeza e *insights*, de magia e criatividade –, que estão conectadas ao Sagrado Feminino como suas representantes naturais.

O mundo precisa de mulheres que sejam a
luz branca, assim como precisa do arco-íris.

Exercício: Acolhendo a Mulher Completa – dando as boas-vindas aos presentes das quatro faces

Da mesma forma que os arquétipos são associados ao ciclo menstrual, aos estágios da vida da mulher, à lua e às estações, eles também estão associados com os quatro pontos cardeais. Este ritual diário pode ajudá-la a enxergar os arquétipos dentro de você e a trazer os seus dons à sua vida.

    Fique de pé de frente para o leste, com seus braços estendidos.
    Diga em voz alta: "Eu tenho a claridade da Donzela".
    Vire-se de frente para o sul e diga: "Eu tenho o amor da Mãe".
    Vire-se para o oeste e diga: "Eu tenho a magia da Feiticeira".
    Vire-se para o norte e diga: "Eu tenho a paz e a calma da Bruxa Anciã".
    Erga seus braços acima de sua cabeça e diga:
    "Eu sou todas essas coisas.
    Eu sou a completude do ciclo da lua,
    a completude do ciclo das estações,
    a completude do ciclo da vida e
    a completude do ciclo das estrelas,
    em uma só."
    Traga suas mãos cruzadas sobre o seu coração e diga:
    "Eu sou uma mulher completa em mim mesma".

Esteja consciente de que você é uma mulher incrível, cheia de poder, mistério, magia e amor.

Mulheres sem um ciclo

Mulheres sem um ciclo, dançando com a lua

    Na pós-menopausa, quando as influências hormonais cíclicas já não são um fator, a influência do ciclo da lua pode se tornar mais impactante e mais importante. As mulheres que sempre tiveram um ciclo irregular e complexo, ou um ciclo com tendência a se alinhar às energias arquetípicas opostas às do ciclo lunar (ovulando com a lua escura), finalmente têm a chance de viver em alinhamento com as energias arquetípicas da lua. À medida que essas mulheres adentram a menopausa, elas podem não estar conscientes desse alinhamento lunar, mas se elas começarem conscientemente a viver com o ritmo da lua, seus arquétipos femininos internos se tornam mais acessíveis a elas, e também mais equilibrados, trazendo sentimentos de completude.

Os exercícios dos arquétipos femininos deste livro podem ser usados em associação com as fases da lua por **qualquer mulher sem um ciclo** – incluindo mulheres na pós-menopausa, mulheres grávidas, mulheres tomando contraceptivos hormonais e mulheres sem útero – também por aquelas com ciclos irregulares, para **ajudá-las a nutrir as mudanças e o despertar da sincronização da Bênção do Útero.**

Todas as mulheres sem um ciclo podem viver em harmonia com os quatro arquétipos femininos, dançando o ciclo da lua. Isso significa simplesmente viver as suas vidas fazendo atividades que ressoem com o arquétipo de cada fase lunar, quando a lua está em uma fase específica.

Caminhando pelo ciclo da lua: a fase da Bruxa Anciã

Três dias antes da lua escura até três dias depois da lua escura

As energias da Bruxa Anciã são mais fortes durante o período da lua escura, e então, depois de alguns poucos dias, as energias mudam para as energias dinâmicas crescentes da Donzela. Assim como uma mulher com um ciclo menstrual, nós descansamos na escuridão das energias da Bruxa Anciã, e usamos esse tempo para meditar, refletir e sentir-nos conectadas à unidade do Universo. Movemo-nos com lentidão, comemos com simplicidade e permitimos o tempo para a orientação interna.

Caminhando pelo ciclo da lua: a fase da Donzela

Três dias depois da lua escura até três dias antes da lua cheia

A lua crescente aparece no céu no intervalo entre um dia e meio e três dias e meio após a lua escura, dependendo da orientação da Terra e do Sol, e aí as energias da Donzela começam a fluir. Elas começam mais lentas do que começam no ciclo menstrual, e podemos experimentar alguns "dias de transição", nos quais sentimos as energias de ambos os arquétipos, Bruxa Anciã e Donzela, em nós. Seguindo a luz atravessando a face da lua, nos tornamos cada vez mais ativas no mundo, fazendo exercícios, iniciando projetos e aprendendo coisas novas. Assim como a mulher em sua fase pré-ovulatória, podemos ser multitarefa e enfrentar o mundo com confiança!

Caminhando pelo ciclo da lua: a fase da Mãe

Três dias antes da lua cheia até três dias depois da lua cheia

As energias da Mãe são mais fortes ao redor dos dias de lua cheia, e poucos dias após a lua cheia começamos a fazer a transição para as energias da Feiticeira, cada vez mais voltadas ao nosso mundo interno. Assim como na fase ovulatória, essa fase nos traz as energias da plenitude, do esplendor, do amor e do cuidado. É o nosso momento de alcançar os outros, de oferecer nosso apoio e carinho e de mostrar nossa gratidão e amor. Movemo-nos com graça sensual, tocando os outros, felizes e completas.

Caminhando pelo ciclo da lua: a fase da Feiticeira

Três dias depois da lua cheia até três dias antes da lua escura

A imagem da lua minguante ressoa profundamente em nós, e é a imagem da magia e da escuridão. Ela anuncia um momento de descanso cada vez maior para nós, e de crescente espiritualidade, intuição e criatividade inspirada. Assim como a mulher pré-menstrual, temos acesso à nossa sensualidade sexual, à nossa crescente quietude interior e ao desejo de expressar a nossa espiritualidade e criatividade da forma como ela flui em nós.

Arquétipo da Donzela	Arquétipo da Mãe	Arquétipo da Feiticeira	Arquétipo da Bruxa Anciã
Lua crescente	Três dias antes – três dias depois da lua cheia	Lua minguante	Três dias antes – três dias depois da lua escura
Planejar, entrar em ação e iniciar projetos	Demonstrar carinho extra e apoiar os outros	Dar tempo a atividades criativas ou espirituais	Descansar e refletir sobre o mês que passou e sobre o caminho adiante
Dançar e ser ativa fisicamente	Conectar-se com a natureza	Purificar o velho	Nutrir a si mesma e a seu corpo
Meditação com foco (por exemplo: observar uma vela)	Meditação caminhada (presença de todos os sentidos e a sua experiência do mundo a seu redor)	Meditação com visualização (visualizar uma cena e viajar por ela)	Meditação de centramento (observar a sua respiração)

Atos sexuais brinca-lhões ou casuais	Atos sexuais român-ticos e sensuais	Atos sexuais recon-fortantes ou aventuras sexuais	Atos sexuais medita-tivos ou espirituais

Mulheres sem ciclo dançando com as estações

Algumas mulheres na pós-menopausa ou sem ciclo podem sentir as energias mutantes das estações de forma ainda mais forte que as energias das fases lunares. Elas podem escolher então adentrar um caminho pelos arquétipos no decorrer das estações, para que possam compreender, equilibrar e expressar as energias arquetípicas dentro de si.

ARQUÉTIPO DA DONZELA	ARQUÉTIPO DA MÃE	ARQUÉTIPO DA FEITICEIRA	ARQUÉTIPO DA BRUXA ANCIÃ
Primavera	Verão	Outono	Inverno
A Mãe Terra é jovem e está florindo	A Mãe Terra é sexual e dá à luz	A Mãe Terra limpa o caminho e libera as sementes para o crescimento futuro	A Mãe Terra menstrua e descansa
A terra começa a despertar	A terra é fértil e abundante	A terra começa a adormecer	A terra descansa e restaura as suas energias
Iniciar projetos, ser mais ativa, divertir-se	Cuidar dos outros, ser prática e dar apoio	Limpar o espaço, usar a sua intuição, ser inspirada e criativa	Descansar, escutar a sabedoria em sua alma

Viver a vida para alcançar a completude

Assim como em todo trabalho energético arquetípico, é importante escutar os nossos sentimentos e o nosso corpo e deixar que eles nos guiem no relacionamento único que temos com o Sagrado Feminino. Mas também precisamos olhar para o céu noturno para ver a fase da lua, precisamos caminhar na natureza e sentir as suas energias, e precisamos escutar o nosso útero e o chamado de nosso coração.

Capítulo 9

O caminho da Bênção do Útero para uma vida feminina consciente

— Eu sou completa! — gritou a Primeira Mulher, e rodopiou com os objetos de poder em seu cinturão.

Ela se virou para a Anciã do Inverno e perguntou:

— O que eu faço agora?

A Anciã do Inverno deu um forte trago em seu cachimbo e sorriu.

— O que você quiser — ela disse.

Entre as Bênçãos: vivendo a nossa feminilidade autêntica

À medida que viajamos por cada fase do ciclo após a sincronização da Bênção do Útero, a energia libera nossas limitações e abre nossa consciência, para que aceitemos mais de cada arquétipo. Para apoiar esse processo de despertar, podemos trabalhar conscientemente com o arquétipo de cada fase, para reconhecermos sua presença. Podemos descobrir seus presentes e expressar suas maravilhosas energias em nossas vidas diárias.

Trilhando o Caminho: uma jornada para todas as mulheres

Por que seguir o Caminho?

O Caminho da Bênção do Útero é uma série de atividades alinhadas ao ciclo menstrual, ao ciclo lunar e às estações, para ajudar as mulheres com ou sem ciclo a continuarem trabalhando conscientemente com as quatro energias arquetípicas.

O Caminho é desenhado para apoiar a sincronização da Bênção do Útero, mas ele pode ser usado por qualquer mulher, a qualquer momento.

O Caminho ajuda **todas as mulheres** a:

- Ancorar as mudanças energéticas causadas pela sincronização em seus corpos e em suas vidas.
- Nutrir e sustentar o seu nascimento como nova mulher após a sincronização.
- Acolher e celebrar as mudanças e a cura durante o processo de nascimento.
- Construir, entre as Bênçãos do Útero, uma relação amorosa, expressiva e harmoniosa com seu centro do útero, os arquétipos e o Sagrado Feminino.
- Permanecer conectadas às energias arquetípicas no decorrer do mês.
- Crescer em confiança e empoderamento entre as Bênçãos;
- Criar um ciclo mais equilibrado e harmonioso.

O Caminho da Bênção do Útero nos ajuda a continuar crescendo em um diálogo amoroso entre nós mesmas e o centro do útero, os arquétipos e nossa natureza cíclica.

**O Caminho da Bênção do Útero diz respeito a
apoiar as mudanças feitas com a sincronização da Bênção
do Útero, para que continuemos crescendo e nos curando
entre as Bênçãos, e descobrindo como podemos sentir
amor, alegria, bem-estar e realização em cada fase, a cada mês.**

As chaves para o Caminho

- Dê a si mesma permissão de ser livre para ser quem você é.
- Permita-se expressar quem você é em cada fase.
- Em cada fase, faça algo que esteja em harmonia com as energias do seu arquétipo.

- Tudo passará – por isso, desfrute dos dons enquanto eles estão disponíveis para você, e saiba que qualquer desafio passará.
- O mundo ainda não faz com que seja fácil viver uma vida feminina consciente, então seja flexível e realista.
- Esteja consciente de seu corpo, de seu modo de pensar, de suas emoções e sentimentos – essa é a forma de você reconhecer os arquétipos dentro de você.
- Crie suas próprias imagens e linguagem pessoal para seus arquétipos.

Trilhando o Caminho da Bênção do Útero se você tem um ciclo menstrual

Para tornar as coisas simples, o Caminho da Bênção do Útero tem a duração de 28 dias. Essa é *a média da duração de um ciclo,* o que significa que muitas mulheres têm um ciclo natural que é mais longo ou mais curto que isso.

Se o seu ciclo é mais longo ou mais curto, você pode estar consciente da mudança em suas energias nos dias anteriores ou nos dias seguintes àqueles indicados no Caminho. Não se preocupe – o Caminho é uma dança, por isso seja flexível e adapte-se. Deixe seu corpo seguir a intuição inerente a ele e lhe dizer o que fazer. Se você sentir que o correto é avançar, então faça os exercícios da próxima fase. Se lhe parecer bem repetir atividades, então, faça-as de novo. Se você se sentir inclinada a atividades completamente diferentes, então busque aquilo que fizer com que você se sinta bem.

Não há regras para dançar por esse caminho junto ao Sagrado Feminino. Deixo um único conselho: se algo fizer você se sentir bem, então essa é a sua intuição lhe mostrando que aquela atividade ou pensamento está em sintonia com o arquétipo da sua fase do ciclo.

Trilhar o Caminho da Bênção do Útero se você não tem ciclo ou tem ciclo irregular

Se você não tiver um ciclo, ou se seu ciclo for muito irregular, você poderá trilhar esse caminho fazendo as atividades sugeridas durante a fase lunar associada ao arquétipo – elas estão indicadas no topo de cada seção sobre o arquétipo.

As mulheres sem ciclo devido à gravidez ou amamentação ainda podem estar conscientes da energia cíclica em seus corpos.

Sobre o exercício da Tigela do Foco

Quando começamos pela primeira vez a percorrer conscientemente o caminho de nosso ciclo menstrual, pode ser difícil perceber para onde estamos indo, quem nós fomos e quem nós somos. No Caminho da Bênção do Útero, usaremos as nossas Tigelas do Útero – as duas tigelas que usamos nas Bênçãos Mundiais do Útero – para nos ajudar a enxergar nossas mudanças.

Você precisará de duas Tigelas do Útero e de aproximadamente catorze pedras brancas e catorze pedras escuras. Lave as pedras na água corrente de uma torneira, deixe-as secar e então coloque-as em uma de suas Tigelas do Útero. A cada dia, no decorrer desse mês, você vai tirar uma pedrinha da sua tigela, que será ou escura ou clara, dependendo da sua fase, e a colocará na outra Tigela do Útero, que a partir de agora será sua **Tigela do Foco**.

O ciclo menstrual é uma jornada do mundo externo para o mundo espiritual interno e deste para fora. É um caminho diário de alterar as energias dinâmicas e receptivas refletidas na luz crescente ou decrescente da lua. As pedras escuras e brancas em nossa Tigela do Foco nos ajudarão a reconhecer nossa mudança gradativa, à medida que seu número aumenta ou diminui.

Enquanto viaja pelo Caminho da Bênção do Útero e posiciona as suas pedras em sua Tigela do Foco, você se tornará mais consciente da linda natureza fluida de seu ciclo, e de como dançar um caminho da luz à escuridão e da escuridão à luz.

O Caminho da Bênção do Útero

Fase da Lua Escura Anciã – dias 1 a 6 do ciclo

Na escuridão amorosa
O Sagrado Feminino lhe presenteia o poder
De renovar a sua confiança e a sua força
Para recebê-las:
simplesmente seja.
Nada no mundo externo é mais importante.

Baseado em *Spiritual messages for women* (*Mensagens espirituais para mulheres*), de Miranda Gray.

MULHER CÍCLICA	CICLO MENSTRUAL	Fase menstrual: aproximadamente dias 1 a 6 do ciclo
MULHER NÃO CÍCLICA	CICLO LUNAR	Lua escura: três dias antes da lua escura até três dias depois da lua escura
	CICLO SAZONAL	Inverno

Esperando na escuridão

Hoje, nós nos sentamos na escuridão, no centro do labirinto. Ainda que seja o dia 1 do ciclo, esse não é o início do nosso ciclo energético – ele vem com a primavera, com a lua nova e o início da fase pré-ovulatória. Por agora, nós esperamos, descansamos e desfrutamos do prazer de nos retirarmos do mundo.

Dia 1 do ciclo: a Tigela da Bruxa Anciã

Você vai precisar de:
- uma Tigela do Útero – chamada *Tigela do Foco*;
- uma Tigela do Útero contendo catorze pedras brancas e catorze pedras escuras, ou mais, dependendo da duração do seu ciclo.

Essa **noite**, sente-se com a Tigela do Foco em seu colo.

Feche seus olhos e traga a consciência a seu centro do útero. Veja, saiba ou sinta que um lindo caldeirão descansa em seu cinturão pélvico. Guarde essa imagem em sua mente e esteja aberta a qualquer experiência ou sentimento que ela traga.

Se você está começando agora o Caminho da Bênção do Útero, pegue uma pedrinha escura e coloque-a na Tigela do Foco, que ainda estará vazia.

Se você já está no Caminho da Bênção do Útero, perceba quantas pedras escuras estão na sua Tigela do Foco. Veja como as pedras escuras refletem as suas experiências de um crescente retiro e do aumento das energias do mundo interior no decorrer da fase da Feiticeira. Você viajou da luz do mundo exterior ao coração do labirinto, e à confortável e acolhedora caverna da sua alma. Adicione uma pedra escura à sua Tigela do Foco e remova dela qualquer pedra branca restante, se elas ainda estiverem lá.

Ao colocar a pedra escura em sua Tigela do Foco, diga:

Da escuridão crescente, eu descanso na escuridão completa.
Da Feiticeira, eu suavizo para a Lua Escura Anciã.
Da necessidade de ser selvagem eu passo à necessidade de "ser".

Mantenha a sua Tigela do Foco descansando em seu colo e passe alguns minutos sentindo o que essa mudança significa para você.

Quando estiver pronta para terminar, conecte-se à Mãe Terra, imaginando que as raízes de sua Árvore do Útero estão crescendo e aprofundando-se na terra.

Agora, coloque as suas tigelas em algum lugar onde você possa vê-las no decorrer do dia.

Dia 2 do ciclo: abrindo-se à Lua Escura Anciã

Tigela do Foco

Essa **noite**, sente-se com a Tigela do Foco em seu colo.

Traga a consciência a seu centro do útero. Veja, saiba ou sinta que um lindo caldeirão descansa em seu cinturão pélvico. Guarde essa imagem em sua mente e esteja aberta a qualquer experiência ou sentimento que ela traga.

Coloque outra pedra escura em sua Tigela do Foco, em reconhecimento pelo seu retiro, e diga:

> **Eu me abro para a Lua Escura Anciã.**
> **Eu dou as boas-vindas às suas energias de quietude,**
> **sabedoria e amor.**
> **Eu a expresso livremente em minha vida.**
> **Amanhã eu...**

Acrescente uma única atividade ou ação que você fará amanhã para expressar as energias da sua Lua Escura Anciã e como você se sente. Se nada vier à mente, passe um tempo com sua Tigela do Útero descansando em seu colo e peça à Bruxa Anciã que inspire você. Lembre-se: você pode se permitir fazer atividades como "fazer nada", "descansar" ou "ficar olhando pela janela".

Conectando-se com as suas energias

Escolha um pedaço de fita ou barbante colorido que represente as energias da Bruxa Anciã para você. Ele pode ser negro, de um vermelho carmesim profundo ou de azul meia-noite.

Amarre a fita ao redor de seu pulso e vista essa pulseira por toda a sua fase, como uma afirmação positiva das suas energias de Bruxa Anciã e um lembrete de quem você é.

Dia 3 do ciclo: a Lua Escura Anciã e a Meditação da Bênção do Útero

Tigela do Foco

Comece essa **noite** repetindo o exercício da Tigela do Foco do dia 2 do ciclo.

Conectando-se com as suas energias

Essa **noite**, faça a Meditação da Bênção do Útero (as palavras estão no início deste livro), tomando seu tempo para visualizar cada parte dela. Nessa fase, talvez você queira se aprofundar na meditação e sinta um maravilhoso senso de unidade, percebendo-se mais consciente da sua conexão com o Sagrado Feminino.

* O que você viu ou sentiu durante a meditação?
* O que você quis fazer após a meditação?

Perceba qualquer *insight* ou conhecimento interno que chegue à sua mente nos próximos dias.

Dia 4 do ciclo: a Lua Escura Anciã e as energias sexuais

Tigela do Foco

Comece essa **noite** repetindo o exercício da Tigela do Foco do dia 2 do ciclo.

Conectando-se com as suas energias

Para muitas mulheres, essa é uma fase sem sexo. Você pode se sentir bagunçada, constrangida ou só ter vontade de dormir. Algumas mulheres experimentam desejo sexual, enquanto outras não sentem absolutamente desejo nenhum.

O cansaço que sentimos nessa fase não tem que parar o sexo, simplesmente precisa mudar a forma como nós o abordamos. Se nos percebermos não como cansadas, mas como suspensas nos braços das energias da Bruxa Anciã, podemos focar em nossa sensualidade e nossa consciência espiritual. Ter uma relação sexual lenta e suave – em que o nosso parceiro faça o trabalho – é uma linda oração ao Sagrado Feminino. Independente de termos ou não um orgasmo, de ficarmos ou não acordadas, não importa – oferecemos uma forma física de prece ao Sagrado Feminino por meio do nosso corpo e do nosso amor ao outro.

Hoje, perceba a sensualidade espiritual das energias da Lua Escura Anciã. Veja cada toque como uma carícia, uma partilha de amor espiritual entre você e o mundo.

Se você tem um parceiro, compartilhe com ele a compreensão de sua natureza sexual nessa fase, e juntos experimentem a forma como ela conduz o amor físico.

Talvez você ache uma diferença entre como você se sente a respeito do sexo no início da fase ou mais tarde na fase. No próximo mês, tente fazer esse exercício em dias diferentes e descubra como mudam as suas energias.

Dia 5 do ciclo: sustentando as energias da Lua Escura Anciã

Tigela do Foco

Comece essa **noite** repetindo o exercício da Tigela do Foco do dia 2 do ciclo.

Conectando-se com as suas energias

A Bruxa Anciã é a Mãe do Cosmos e a Mãe Escura das Almas. É somente o nosso próprio medo da velhice ou da morte que nos impede de ver a sua verdadeira natureza de beleza e amor.

Crie tempo para sair do mundo. Crie um santuário de calma e quietude para sentir a Bruxa Anciã dentro de você e experimentar a sua sabedoria e seus presentes de *insight*, restauração e unidade.

Sente-se ou deite-se confortavelmente, feche seus olhos e faça uma respiração profunda.

> Sinta, saiba ou veja que você está sentada apoiada no tronco de uma linda Árvore do Útero. Suas raízes crescem, aprofundando-se na terra, e seus galhos se estendem ao alto, para um céu noturno cheio de estrelas.
>
> O céu entre os ramos da árvore está vazio, exceto pela escuridão do espaço e pela beleza das estrelas.
>
> Traga a consciência para o seu centro do útero. Veja, saiba ou sinta que um grande caldeirão descansa em seu cinturão pélvico. O caldeirão está cheio de água escura.
>
> Perceba que a escuridão é aquela sempre constante, enquanto a lua e suas energias fluem por suas fases luminosas.

Faça uma respiração profunda e relaxe. Abra-se para a presença da Lua Escura Anciã dentro de seu centro do útero e dê as boas-vindas a ela. Simplesmente sente-se em sua presença.
Quando você estiver pronta para finalizar, agradeça ao Sagrado Feminino pela sua presença.
Leve a consciência de volta a seu corpo e mova os dedos das mãos e dos pés. Faça uma respiração profunda. Alongue-se e sorria.
Está tudo bem se você cair no sono durante essa meditação!

Use essa meditação em dias diferentes, por exemplo no dia 1 do ciclo e no dia 6 do ciclo, e veja como você muda nessa fase e quais tipos diferentes de sabedoria se abrem a você.

Dia 6 do ciclo: curando as energias da Lua Escura Anciã

Tigela do Foco

Comece essa **noite** repetindo o exercício da Tigela do Foco do dia 2 do ciclo.

Conectando-se com as suas energias

Assim como a Lua Cheia Mãe, a Lua Escura Anciã é associada ao profundo amor e à compaixão pelo todo.
Sente-se confortavelmente e leve a consciência a seu coração. Tome consciência das estrelas sobre sua cabeça.
Enquanto você inspira suavemente, respire a luz das estrelas através de sua coroa, passando pelo seu coração e até seu útero.
Fique relaxada e sinta seu útero se preenchendo com a luz e o amor das estrelas.
Em sua mente, diga:

> Eu sou a Mãe Escura.
> Eu me abro para a sabedoria e para a cura da alma.

Quando se sentir pronta para terminar a cura, posicione novamente suas mãos sobre o baixo-ventre e deixe que as raízes da sua Árvore do Útero cresçam profundamente na terra.

Avançando para a próxima fase

Para algumas de nós, nosso descanso restaurador no centro do labirinto pode continuar por alguns dias após o término do nosso sangramento, enquanto, para outras, as energias da Lua Donzela podem ter início enquanto ainda estamos sangrando. Escute seu corpo e suas energias para saber o momento certo de reaparecer após a hibernação, em vez de responder às pressões e expectativas do mundo.

No fim dessa fase, talvez você queira agradecer ao Sagrado Feminino.

> Eu agradeço ao Sagrado Feminino
> pelo seu amor,
> por descansar em meu coração e meu útero,
> pelos presentes que ele me deu,
> e pelo chamado apaixonado para recuperar
> minha feminilidade autêntica.

Resumo da fase da Lua Escura Anciã

Quais energias você sente que a Bênção do Útero despertou em você nessa fase?
Quais aspectos de sua Lua Escura Anciã interna você sente que foram curados?
Quais *insights* ou presentes a Bênção do Útero liberou nessa fase, para serem reconhecidos e expressados por você?
Se você recebeu a Bênção do Útero nessa fase, qual foi a sua experiência?

Fase da Lua Donzela – dias 7 a 13 do ciclo

> Em sua fase de lua crescente,
> As energias estão se movendo.
> Você pode senti-las em suas profundezas?
> Vá em frente – corra com elas!
> **Agora!**

Baseado em *Spiritual messages for women* (*Mensagens espirituais para mulheres*), de Miranda Gray.

Mulher cíclica	Ciclo menstrual	Fase pré-ovulatória Aproximadamente dias 7 a 13 do ciclo
Mulher não cíclica	Ciclo lunar	Lua crescente: três dias depois da lua escura até três dias antes da lua cheia
	Ciclo sazonal	Primavera

Da escuridão à luz

Hoje, as energias de sua fase pré-ovulatória têm início. Após a hibernação da menstruação, suas energias foram renovadas e restauradas, e você começa agora a sua jornada da Caverna da Bruxa Anciã, ou da Mãe Escura, para sair ao mundo. Essa é a verdadeira magia de sermos cíclicas – podemos renovar e restaurar nossas energias sexuais, criativas, mentais, emocionais e físicas a cada mês.

Hoje, o seu novo ciclo começa!

Dia 7 do ciclo: a Tigela da Donzela

As energias radiantes da Lua Donzela estão crescendo, e vamos mostrar isso adicionando uma pedra branca à Tigela do Foco para cada dia dessa fase e removendo uma pedra escura. Você terá ambas as pedras, brancas e escuras, em sua Tigela do Foco.

Essa **manhã**, sente-se com sua Tigela do Foco em seu colo.

Traga a consciência para o seu centro do útero. Veja, saiba ou sinta que um lindo caldeirão descansa em seu cinturão pélvico. Guarde essa imagem em sua mente e esteja aberta a qualquer experiência ou sentimento que ela traga.

Remova uma pedrinha escura de sua Tigela do Foco e coloque-a na outra tigela. Então, coloque uma pedra branca na sua Tigela do Foco.

Se você está iniciando o seu Caminho da Bênção do Útero nesta fase, simplesmente adicione uma pedra branca à sua Tigela do Foco vazia.

Ao adicionar a pedra branca, diga:

> **Da escuridão, eu adentro na luz.**
> **Da Bruxa Anciã, eu adentro na Donzela.**
> **Do mundo interior, eu dou um passo**
> **para sair ao mundo exterior.**

Reserve alguns minutos para sentir o que essa mudança significa para você.

Quando estiver pronta para terminar, conecte-se com a Mãe Terra, imaginando que está cultivando suas raízes da Árvore do Útero profundamente para dentro da terra.

À medida que essa fase prossegue, você vai perceber que o número de pedras escuras em sua Tigela do Foco diminui, e que o número de pedras brancas cresce, refletindo o aumento em seu útero das energias dinâmicas e voltadas ao exterior, à medida que você caminha por sua fase Donzela.

Dia 8 do ciclo: abrindo-se à Lua Donzela

Tigela do Foco

No período da **manhã**, repita o exercício que você fez no dia 7 do ciclo, mas, dessa vez, enquanto você remove uma pedra escura e coloca uma branca em sua Tigela do Foco, diga:

> **Eu me abro para a Lua Donzela.**
> **Eu dou as boas-vindas às suas energias de beleza,**
> **de começos, de prazer e movimento.**
> **Eu a expresso livremente em minha vida.**
> **Hoje, eu...**

Adicione uma única atividade ou ação que você realizará hoje para expressar as suas energias da Donzela. Por exemplo: iniciar um projeto, fazer um pouco de exercício, aprender algo novo, fazer planejamento ou tomar um tempo para cumprir uma tarefa que exija concentração e atenção aos detalhes.

Conectando-se com as suas energias

Escolha um pedaço de fita ou barbante na cor que represente as suas energias de Donzela para você. Pode ser branco, amarelo, rosa pálido, azul pálido ou verde luminoso.

Amarre o barbante em seu pulso e use essa pulseira no decorrer de sua fase, como uma afirmação positiva de suas energias de Donzela e um lembrete de quem você é.

Dia 9 do ciclo: a Lua Donzela e a Meditação da Bênção do Útero

Tigela do Foco

Comece essa **manhã** repetindo o exercício da Tigela do Foco do dia 8 do ciclo.

Conectando-se com as suas energias

Hoje, faça a Meditação da Bênção do Útero (as palavras estão no início deste livro), tomando seu tempo para visualizar cada parte dela. Nessa fase, talvez você ache mais difícil sentar-se tranquilamente, mas você poderá sentir que tem mais clareza e achar mais fácil se conectar com a luz.

- O que você viu ou sentiu durante a meditação?
- O que você quis fazer após a meditação?

Perceba qualquer pensamento, ideia ou projeto que chegue à sua mente nos próximos dias.

Dia 10 do ciclo: sustentando as energias da Lua Donzela

Tigela do Foco

Comece essa **manhã** repetindo o exercício da Tigela do Foco do dia 8 do ciclo.

Conectando-se com as suas energias

Você está agora na fase Donzela, e as energias dela são uma grande parte de quem você é. A meditação a seguir é a sua oportunidade para encontrar a sua Donzela interna e permitir que ela mostre a você os seus presentes.

Sente-se confortavelmente, feche seus olhos e faça uma respiração profunda.

Sinta, saiba ou veja que você está sentada apoiada no tronco de uma linda Árvore do Útero. Suas raízes crescem, aprofundando-se na terra, e seus galhos se estendem ao alto, para um céu noturno cheio de estrelas.

Entre os ramos da árvore, você vislumbra a curvatura da lua crescente.

Traga a consciência para o seu centro do útero. Veja, saiba ou sinta que um grande caldeirão descansa em seu cinturão pélvico. O caldeirão está cheio de água escura.

A lua banha você em uma luz suave, que flui sobre você e por você, através de sua coroa, passando por seu coração e chegando ao seu útero.

Você vê a lua crescente refletida nas águas de sua tigela.

Tome uma respiração profunda e relaxe. Abra-se para a presença da Lua Donzela dentro de seu centro do útero, e dê as boas-vindas a ela.

Quando estiver pronta para terminar, agradeça ao Sagrado Feminino por sua presença.

Traga a consciência de volta para o seu corpo e mova os dedos das mãos e dos pés. Faça uma respiração profunda e alongue-se.

Tome nota das impressões e sentimentos trazidos pela Donzela. No decorrer dessa semana, como você poderia expressar a presença e as energias dela em sua vida?

Dia 11 do ciclo: expressando a sua Lua Donzela

Tigela do Foco

Comece essa **manhã** repetindo o exercício da Tigela do Foco do dia 8 do ciclo. Sua Tigela do Foco agora terá mais pedras brancas do que pedras escuras.

Conectando-se com as suas energias

Da mesma forma que cada um dos quatro arquétipos nos traz uma energia diferente, eles também nos dão uma forte necessidade de expressar essa energia. Muitas mulheres guardam uma quantidade imensa de frustração em seus corpos e seus ciclos, e isso porque elas são limitadas ou restritas na expressão de sua energia arquetípica, ou porque elas não entendem como expressá-las. Ao descobrir a necessidade de cada arquétipo em cada fase, podemos agir para realizar as suas necessidades, e o resultado é que nos sentimos mais felizes e nos empoderamos. Assim, recuperamos o controle daquilo que nos faz sentir bem.

Sente-se confortavelmente e feche seus olhos.

Traga a consciência para o seu útero e para o seu centro do útero.

Ao inspirar, diga mentalmente:

Eu abro meu útero à Lua Donzela.
Por favor, venha habitar o meu útero.

Relaxe na expiração.

Repita por um minuto.

Veja, saiba ou sinta que uma linda e jovem Donzela está de pé diante de você, rodeada por uma paisagem primaveril.

Ela se ergue, alta e confiante, seus cães de caça a seus pés, arco e flechas prateados às suas costas.

Você sente a energia dinâmica que ela traz fluindo por você, criando sentimentos de autoconfiança e energia sexual renovada. A vida parece cheia de novos começos, de objetivos e de impulso para alcançar os seus sonhos.

Agora, em sua mente, pergunte a ela:

O que eu preciso fazer para acolher e expressar as suas energias em minha vida?

Relaxe, somente por *um minuto*.

Esteja aberta para receber qualquer impressão, sentimento ou imagem. Talvez você sinta um desejo urgente de fazer algo simples e prático, como procurar por algo que você perdeu, iniciar uma nova dieta, inscrever-se para aquela aula que você sempre quis fazer ou planejar o próximo feriado.

Termine o exercício movendo os seus dedos das mãos e dos pés e faça uma respiração profunda.

Agora, entre em ação! Se é impossível atender à sua necessidade plenamente, então faça algo *na direção* de fazer com que isso aconteça. Simplesmente reconheça dentro de você aquilo de que a Lua Donzela precisa e, fazendo uma pequena ação, você se sentirá menos estressada, mais feliz e mais realizada.

Escreva qualquer ideia ou inspiração que sirva de referência para você na próxima fase Donzela. Conectar-se com ela e expressar as suas energias em sua vida de forma consciente não ajudará você somente a sustentar as mudanças da Bênção do Útero e a incorporar as suas energias femininas autênticas, mas fará com que você se sinta bem.

Dia 12 do ciclo: despertando as energias sexuais da Lua Donzela

Tigela do Foco

Comece essa **manhã** repetindo o exercício da Tigela do Foco do dia 8 do ciclo.

Conectando-se com as suas energias

Cada fase de nosso ciclo traz uma expressão de energia sexual diferente, e a Lua Donzela nos oferece o desejo sexual renovado, não importando a nossa idade. A energia sexual da Donzela é divertida e brincalhona, dinâmica e autoconfiante, e nos é dada pela natureza para o nosso próprio prazer.

Hoje, permita à sua sexualidade Donzela a liberdade de ser expressada na forma como você se veste e na forma como você interage com as pessoas. Saiba ou sinta que não importa a sua idade, você tem as energias sexuais e a beleza da linda Lua Donzela em seu útero. Deixe que a beleza renovada dela reluza de seus olhos e sorria com a magia travessa e brincalhona que ela traz.

Se você tem alguém como parceiro, deixe que ele conheça a sua Lua Donzela em seu quarto ou onde ela desejar!

Dia 13 do ciclo: curando a Lua Donzela

Tigela do Foco

Comece essa **manhã** repetindo o exercício da Tigela do Foco do dia 8 do ciclo. Sua Tigela do Foco agora terá sete pedras brancas, demonstrando que você finalmente terminou sua escalada desde a escuridão da menstruação para o mundo.

Conectando-se com as suas energias

A Lua Donzela está associada aos pensamentos e ideais mais elevados, e a Bênção do Útero nos ajuda a despertar e a viver esse aspecto em nós.

Sente-se confortavelmente e traga a consciência ao centro de energia que habita o centro de sua cabeça.

Esteja consciente da lua crescente sobre sua cabeça.

Enquanto você respira suavemente, inspire a luz branca da Lua Donzela em seu cérebro. Fique relaxada e sinta o seu cérebro se preenchendo com luz e clareza.

Diga mentalmente:

Eu sou a Donzela Brilhante.
Eu me abro à beleza e à pureza curadora.

Quando estiver pronta para terminar a cura, coloque suas mãos sobre o baixo-ventre e deixe que as raízes da sua Árvore do Útero cresçam se aprofundando na terra.

Avançando para a próxima fase

Dependendo de como for o seu ciclo, talvez você sinta que a fase da Lua Donzela foi suavizada na direção da fase da Lua Cheia Mãe, e que você está pronta para se mover definitivamente para as suas energias. No entanto, se sentir que as energias Donzela ainda estão fortes, talvez você deseje repetir algumas das atividades da Donzela por alguns dias, até sentir a mudança para a sua próxima fase.

No fim dessa fase, talvez você queira agradecer ao Sagrado Feminino.

> Eu agradeço ao Sagrado Feminino
> pelo Seu amor,
> por descansar em meu coração e em meu útero,
> pelos presentes que Ele me deu
> e pelo chamado apaixonado para recuperar minha feminilidade autêntica.

Resumo da fase da Lua Donzela

Quais energias você sente que a Bênção do Útero despertou em você nessa fase?
Quais aspectos de sua Lua Donzela interna você sente que foram curados?
Quais *insights* ou presentes a Bênção do Útero liberou nessa fase para serem reconhecidos e expressados por você?
Se você recebeu a Bênção do Útero nessa fase, qual foi a sua experiência?

Fase da Lua Cheia Mãe – dias 14 a 20 do ciclo

> Concentre-se no hoje.
> O que você fará com o seu amor?
> O que abre o seu coração?
> Não é preciso nada mais.

Baseado em *Spiritual messages for women* (Mensagens espirituais para mulheres), de Miranda Gray.

MULHER CÍCLICA	CICLO MENSTRUAL	Fase ovulatória Aproximadamente dias 14 a 20 do ciclo
MULHER NÃO CÍCLICA	CICLO LUNAR	Lua cheia: três dias antes da lua cheia até três dias depois da lua cheia
	CICLO SAZONAL	Verão

Na luz, podemos brilhar

As energias dinâmicas agora foram desaceleradas e o nosso ego suavizado na energia radiante da Lua Cheia Mãe. Nossas energias nos são dadas para serem partilhadas com os outros, para criar um mundo a nosso redor, e nosso coração é grande o suficiente para envolver a terra.

Dia 14 do ciclo: a Tigela da Lua Cheia Mãe

Essa **manhã**, sente-se com a Tigela do Foco em seu colo.

Traga a consciência para o seu centro do útero. Veja, saiba ou sinta que um lindo caldeirão descansa em seu cinturão pélvico. Guarde essa imagem em sua mente e esteja aberta a qualquer experiência ou sentimento que ela traga.

As energias radiantes da fase da Lua Cheia Mãe são fortes e se projetam ao exterior. Você demonstrará isso adicionando à sua Tigela do Foco uma pedra branca a cada dia dessa fase.

Se você ainda tiver alguma pedra escura em sua Tigela do Foco, remova-a.

Se você está iniciando o seu Caminho da Bênção do Útero nesta fase, simplesmente adicione uma pedra branca à sua Tigela do Foco vazia.

Ao adicionar a pedra branca à sua Tigela do Foco, diga:

> **Da luz crescente, eu descanso na plenitude da luz.**
> **Da Lua Donzela, eu suavizo para a Lua Cheia Mãe.**
> **Da necessidade de agir, eu passo à necessidade**
> **de cuidar.**

Mantenha a sua Tigela do Foco descansando em seu colo e passe alguns minutos sentindo o que essa mudança significa para você. Quando estiver pronta para terminar, conecte-se à Mãe Terra, imaginando que as raízes de sua Árvore do Útero estão crescendo e se aprofundando na terra.

Dia 15 do ciclo: abrindo-se à Lua Cheia Mãe

Tigela do Foco

Na parte da **manhã**, repita o exercício que você fez no dia 14 do ciclo, mas, dessa vez, ao colocar a pedra branca em sua Tigela do Foco, diga:

> **Eu me abro para a Lua Cheia Mãe.**
> **Eu dou as boas-vindas às suas energias de empatia,**
> **carinho, gentileza e amor.**
> **Eu a expresso livremente em minha vida.**
> **Hoje, eu...**

Acrescente uma única atividade ou ação que você fará hoje para expressar as suas energias de Mãe. Por exemplo: dê abraços extras em seus filhos, ligue para uma amiga com quem você não fala há tempos, agradeça um colega de trabalho pela ajuda, faça biscoitos para seu companheiro ou passe algum tempo cuidando do jardim.

Conectando-se com as suas energias

Escolha um pedaço de fita ou barbante na cor que represente as energias Lua Cheia Mãe para você. Pode ser branco, rosa profundo, azul forte ou verde-esmeralda.

Amarre o barbante em seu pulso e use essa pulseira no decorrer de sua fase, como uma afirmação positiva de suas energias de Mãe e um lembrete de quem você é.

Dia 16 do ciclo: a Lua Cheia Mãe e a Meditação da Bênção do Útero

Tigela do Foco

Comece essa **manhã** repetindo o exercício da Tigela do Foco do dia 15 do ciclo.

Conectando-se com as suas energias

Hoje, faça a Meditação da Bênção do Útero (as palavras estão no início deste livro), tomando seu tempo para visualizar cada parte dela.

- O que você viu ou sentiu durante a meditação?
- O que você quis fazer após a meditação?

Perceba qualquer pensamento, ideia ou projeto que chegue à sua mente nos próximos dias.

Dia 17 do ciclo: sustentando as energias da Lua Cheia Mãe

Tigela do Foco

Comece essa **manhã** repetindo o exercício da Tigela do Foco do dia 15 do ciclo.

Conectando-se com as suas energias

Para algumas mulheres, a mudança para a fase da Mãe pode ser difícil se elas precisam das energias dinâmicas e "realizadoras" da Donzela para seu trabalho. Para outras mulheres, essa fase pode ser extremamente comovente e emotiva devido a seu desejo de serem mães, já que as energias da fase Mãe lhes mostram quem elas querem ser.

Sente-se confortavelmente, feche seus olhos e faça uma respiração profunda:

Sinta, saiba ou veja que você está sentada apoiada no tronco de uma linda Árvore do Útero. Suas raízes crescem, aprofundando-se na terra, e seus galhos se estendem ao alto, para um céu noturno cheio de estrelas.

Entre os ramos da árvore, descansa uma linda e radiante lua cheia.

Traga a consciência para o seu útero e para o seu centro do útero e sinta, ou saiba, que um grande caldeirão descansa em seu cinturão pélvico. O caldeirão está cheio de água escura.

A lua cheia banha você em uma luz abundante, que flui sobre você e por você, através de sua coroa, passando por seu coração e chegando até seu útero.

Você vê a face da lua cheia refletida nas águas de sua tigela.

Faça uma respiração profunda e relaxe. Abra-se para a presença calma, gentil e amorosa da Lua Cheia Mãe e dê as boas-vindas a ela.

Quando estiver pronta para terminar, agradeça ao Sagrado Feminino por sua presença.

Traga a consciência de volta para o seu corpo e mova os dedos das mãos e dos pés. Faça uma respiração profunda e alongue-se.

Agora, desenhe ou descreva quaisquer impressões e sentimentos trazidos pela Mãe. No decorrer dessa semana, como você poderia expressar a presença e as energias dela em sua vida?

Dia 18 do ciclo: expressando a sua Lua Cheia Mãe

Tigela do Foco

Comece essa **manhã** repetindo o exercício da Tigela do Foco do dia 15 do ciclo.

Conectando-se com as suas energias

Cada fase do seu ciclo tem diferentes necessidades relacionadas às energias arquetípicas. Essas necessidades dizem respeito a viver sendo verdadeiras perante a nossa autêntica natureza feminina. Quando atendemos a uma das necessidades da fase, nos sentimos bem! O prazer nos mostra que estamos alinhadas com a nossa natureza autêntica.

Não é o suficiente somente reconhecer a necessidade, precisamos atendê-la por nós mesmas. Às vezes, isso não é possível, mas é incrível como uma pequena ação tomada na direção de atender à necessidade da fase muitas vezes é o suficiente para criar sentimentos de felicidade e prazer.

Sente-se confortavelmente e feche seus olhos.

Traga a consciência para o seu útero e para o seu centro do útero.

Ao inspirar, diga mentalmente:

> **Eu abro meu útero para a Lua Cheia Mãe.**
> **Por favor, venha habitar o meu útero.**

Relaxe na expiração.

Repita por *um minuto*.

Veja, saiba ou sinta que à sua frente está uma mulher grávida, sentada rodeada por árvores e flores de verão. Ela segura uma cesta repleta de pães, tecidos bordados e tigelas tecidas.

Ela sorri para você, e você sente o seu contentamento e fertilidade preenchendo você de amor, criatividade, compaixão e carinho.

Agora, em sua mente, pergunte a ela:

> **O que eu preciso fazer para acolher e**
> **expressar as suas energias em minha vida?**

Relaxe, somente por *um minuto*.

Esteja aberta para receber qualquer impressão, sentimento ou imagem que ela traga. Talvez você tenha a necessidade urgente de fazer algo simples e prático em seu dia, como passar mais tempo com sua família, ter um encontro romântico com seu companheiro, fazer artesanato, passar um bom tempo escutando os problemas de algum amigo ou oferecer um pouco mais do seu tempo para ajudar alguém.

Termine o exercício movendo os seus dedos das mãos e dos pés e faça uma respiração profunda.

Agora, entre em ação! Escreva qualquer ideia ou inspiração sobre como atender a essas necessidades. Use-as como referência no próximo mês, para ajudá-la a se conectar com as energias da Lua Cheia Mãe dentro de você, para expressá-las e se sentir bem.

Dia 19 do ciclo: acolhendo as energias sexuais da Lua Cheia Mãe

Tigela do Foco

Comece essa **manhã** repetindo o exercício da Tigela do Foco do dia 15 do ciclo.

Conectando-se com as suas energias

Para algumas mulheres, a Lua Cheia Mãe pode ser uma fase maravilhosa e apaixonada, de desejo sexual elevado. A natureza nos dá um desejo amplificado por sexo porque estamos liberando um óvulo, e estamos férteis. Mas ela também nos presenteia com sentimentos e emoções, de forma que tendemos a criar um apego emocional e um compromisso maior com o nosso parceiro.

Na fase da Mãe, podemos nos sentir mais românticas, apaixonadas ou amorosas fisicamente, assim como somos mais capazes de nos conectar com nosso companheiro em um nível emocional mais profundo.

Hoje, perceba a sua energia sexual de Mãe e aproveite esse aspecto amoroso, cuidadoso, romântico, *sexy* e apaixonado de si mesma. Saiba que, independentemente de você ser mãe ou não, você sustenta em si as energias sexuais envolventes, generosas e abundantes do arquétipo da Mãe. Deixe que a sensualidade dela e a sua plenitude criativa fluam de você hoje.

Se você tem um companheiro, aproveite a sua relação existente para descobrir como atender à Mãe que existe em você. Deixe que seu companheiro a conheça!

Dia 20 do ciclo: curando a Lua Cheia Mãe

Tigela do Foco

Comece essa **manhã** repetindo o exercício da Tigela do Foco do dia 15 do ciclo. Sua Tigela do Foco terá agora catorze pedras brancas, indicando que a fase da Mãe Brilhante está quase no fim, e então você começará sua lenta caminhada na direção da escuridão outra vez.

Conectando-se com as suas energias

A Lua Cheia Mãe está associada ao amor profundo e à compaixão por todos.

Sente-se confortavelmente e traga a sua consciência para o seu coração. Esteja consciente da lua cheia sobre sua cabeça.

Ao inspirar suavemente, respire a luz branca da Lua Cheia Mãe, fazendo-a descer por sua coroa até seu coração.

Fique relaxada e sinta o seu coração se preenchendo com amor e luz.

Mentalmente, diga:

Eu sou a Mãe Brilhante.
Eu me abro para o amor e para a cura emocional.

Quando se sentir pronta para terminar a cura, coloque as suas mãos sobre o seu baixo-ventre e aprofunde as suas raízes da Árvore do Útero na terra.

Avançando para a próxima fase

Dependendo de como for o seu ciclo, talvez você sinta que a sua mudança para a fase da Feiticeira teve início há alguns dias atrás, ou que você ainda está completamente imersa na fase da Mãe. Se ainda não se sentir pronta para dar os primeiros passos à fase da Feiticeira, você pode repetir algumas das atividades da fase da Mãe, até sentir que é o momento de mudar.

No fim dessa fase, talvez você queira agradecer ao Sagrado Feminino.

Eu agradeço ao Sagrado Feminino
pelo Seu amor,
por descansar em meu coração e em meu útero,
pelos presentes que Ele me deu
e pelo chamado apaixonado para recuperar
minha feminilidade autêntica.

Resumo da fase da Lua Cheia Mãe

Quais energias você sente que a Bênção do Útero despertou em você nessa fase?
Quais aspectos de sua Lua Cheia Mãe interna você sente que foram curados?
Quais *insights* ou presentes a Bênção do Útero liberou nessa fase para serem reconhecidos e expressados por você?
Se você recebeu a Bênção do Útero nessa fase, qual foi a sua experiência?

Fase da Lua Feiticeira – dia 21 do ciclo até a menstruação

Desfrute de seus passos rumo à escuridão.
Você é *sexy*.
Você é mágica.
Você é uma feiticeira.
Então, faça seus feitiços e encantos!

Baseado em *Spiritual messages for women* (Mensagens espirituais para mulheres), de Miranda Gray.

Mulher cíclica	Ciclo menstrual	Fase pré-menstrual: aproximadamente dias 21 a 28 do ciclo
Mulher não cíclica	Ciclo lunar	Lua minguante: três dias depois da lua cheia até três dias antes da lua escura
	Ciclo sazonal	Outono

Adentrando a escuridão

Faça uma respiração profunda. Não olhe para trás. Seja corajosa e dê o primeiro passo, colocando seu pé no primeiro degrau que desce ao labirinto.

Não se preocupe. Na escuridão, a Feiticeira segurará a sua mão e a guiará, enquanto você deixa a luz suave e radiante da Lua Cheia Mãe. Sinta os poderes selvagens da Feiticeira crescendo em sua mente e em seu corpo.

Dia 21 do ciclo: a Tigela da Lua Feiticeira

Essa **noite**, sente-se com a Tigela do Foco em seu colo. Você fará a sua meditação à noite, para reconhecer que começará uma viagem à escuridão.

Traga a consciência para o seu centro do útero. Veja, saiba ou sinta que um lindo caldeirão descansa em seu cinturão pélvico. Guarde essa imagem em sua mente e esteja aberta a qualquer experiência ou sentimento que ela traga.

Retire uma pedra branca da sua Tigela do Foco e a substitua por uma pedra escura.

Se você está iniciando agora o Caminho da Bênção do Útero, simplesmente coloque uma pedra escura na sua Tigela do Foco vazia.

Ao colocar a pedra escura em sua Tigela do Foco, diga:

> **Da luz radiante, eu adentro a escuridão.**
> **Da Lua Cheia Mãe, eu me torno a Feiticeira da Lua que escurece.**
> **Do mundo exterior, eu passo ao mundo interior.**

Saiba que você está dando o primeiro pequeno passo na descida ao labirinto. Seu subconsciente e seu nível de consciência de alma estão esperando por você na beleza da escuridão, e a Feiticeira a guiará pelas mãos. Você viajará pelo reino do subconsciente, preenchido de inspiração, de essência selvagem, de energia sexual, criatividade e magia, e passará então ao reino da alma, onde descansará nos braços do Sagrado Feminino. À medida que a luz diminui, talvez você queira olhar para trás, ansiando pelo reino do arquétipo da Mãe. No entanto, todos sabem – dos mitos e lendas – que você nunca deveria olhar para trás!

Mantenha a tigela com a pedra descansando em seu colo, e passe alguns minutos sentindo o que essa mudança significa para você. Olhe para essa semente solitária de escuridão em seu útero preenchido de luz – você dá as boas-vindas a ela ou sente o luto pelo que está deixando para trás?

Quando estiver pronta para terminar, conecte-se com a Mãe Terra, imaginando que está fazendo crescer as raízes da sua Árvore do Útero até as profundezas da terra.

Dia 22 do ciclo: abrindo-se para a Lua Feiticeira

Tigela do Foco

Essa **noite**, sente-se com a Tigela do Foco em seu colo.

O número de pedras escuras aumentará pouco a pouco, para refletir o seu caminho descendente da luz da ovulação à escuridão da menstruação. Ele lembra a você do retiro das energias de seu corpo, mente e emoções, e o seu regresso a níveis mais profundos de consciência e entendimento.

Traga a consciência para o seu centro do útero. Veja, saiba ou sinta que um lindo caldeirão descansa em seu cinturão pélvico. Guarde essa imagem em sua mente e esteja aberta a qualquer experiência ou sentimento que ela traga.

Substitua uma pedra branca da sua Tigela do Foco por uma pedra escura, e diga:

> **Eu me abro para a Lua Feiticeira.**
> **Eu dou as boas-vindas às suas energias de magia e paixão, de intuição e inspiração.**
> **Eu a expresso livremente em minha vida.**
> **Amanhã, eu...**

Adicione uma única ação ou atividade que você fará amanhã para expressar as energias de sua Lua Feiticeira. Por exemplo: quando tiver energia – esvazie um armário ou limpe o jardim, aproveite para lavar ou limpar algo ou saia para uma caminhada e escreva poemas em sua cabeça. Quando a sua energia estiver baixa – aninhe-se e tire um cochilo, tome um banho de beleza, leia suas cartas de oráculo, rabisque algo ou pinte uma mandala, faça um bordado ou dê asas à sua imaginação!

Conectando-se com as suas energias

Escolha um pedaço de fita ou barbante colorido que represente as energias da Feiticeira para você. Ele pode ser preto, de um roxo mágico profundo ou azul meia-noite.

Amarre a fita ao redor de seu pulso e use essa pulseira no decorrer de toda a sua fase, como uma afirmação positiva das suas energias da Feiticeira e um lembrete de quem você é.

Dia 23 do ciclo: a Lua Feiticeira e a Meditação da Bênção do Útero

Tigela do Foco

Comece essa **noite** repetindo o exercício da Tigela do Foco do dia 22 do ciclo.

Conectando-se com as suas energias

Essa **noite**, faça a Meditação da Bênção do Útero (as palavras estão no início deste livro), tomando seu tempo para visualizar cada parte dela.

- O que você viu ou sentiu durante a meditação?
- O que você quis fazer após a meditação?

Perceba quaisquer pensamentos, ideias ou projetos que vierem à sua mente nos próximos dias.

Dia 24 do ciclo: sustentando as energias da Lua Feiticeira

Tigela do Foco

Comece essa **noite** repetindo o exercício da Tigela do Foco do dia 22 do ciclo.

Conectando-se com as suas energias

A Feiticeira é mágica, e a sua orientação e energia podem tomar muitas formas. Ela pode ser muito poderosa ou muito sutil, muito desafiadora e transformadora, e muito criativa e espiritual. Talvez você queira fazer essa meditação diversas vezes durante essa fase e ver qual inspiração e magia ela lhe oferece.

Sente-se confortavelmente, feche seus olhos e faça uma respiração profunda.

Sinta, saiba ou veja que você está sentada apoiada no tronco de uma linda Árvore do Útero. Suas raízes crescem, aprofundando-se na terra, e seus galhos se estendem ao alto, para um céu noturno cheio de estrelas.

Cravado entre os ramos das árvores, eleva-se o quarto crescente de uma lua minguante.

Traga a consciência para o seu centro do útero. Veja, saiba ou sinta que um grande caldeirão descansa em seu cinturão pélvico. O caldeirão está cheio de água escura.

A lua minguante banha você em uma luz mágica, que flui sobre você e por você, passando por seu coração até seu útero.

Você vê a lua crescente refletida nas águas de sua tigela.

Faça uma respiração profunda e relaxe. Abra-se para a presença da Lua Feiticeira dentro de seu centro do útero, e dê as boas-vindas a ela.

Quando estiver pronta para terminar, agradeça ao Sagrado Feminino por sua presença.

Traga a consciência de volta para o seu corpo e mova os dedos das mãos e dos pés. Faça uma respiração profunda e estique seu corpo.

Desenhe ou dance os sentimentos e a inspiração que a Lua Feiticeira trouxe a você.

Dia 25 do ciclo: expressando a sua Lua Feiticeira

Tigela do Foco

Comece essa **noite** repetindo o exercício da Tigela do Foco do dia 22 do ciclo.

Conectando-se com as suas energias

A fase da Feiticeira com frequência é a mais desafiadora, por isso é importante compreender as necessidades dessa fase e expressar as suas energias de Feiticeira para criar sentimentos de felicidade, empoderamento e bem-estar.

Sente-se confortavelmente e feche seus olhos.

Traga a consciência para o seu útero e para o seu centro do útero.

Ao inspirar, diga mentalmente:

**Eu abro meu útero para a lua minguante
da Feiticeira.
Por favor, venha habitar o meu útero.**

Relaxe na expiração.
Repita por um minuto.
Veja, saiba ou sinta que você está rodeada pelas folhas espiraladas de uma paisagem de outono. À sua frente, se ergue uma linda mulher madura, vestindo um manto de penas de corvo e segurando uma foice de prata.
Ela preenche você com energia dinâmica, desejo, criatividade inspirada e uma consciência profunda da sua escuridão e magia interior.
Agora, em sua mente, pergunte a ela:

O que eu preciso fazer para acolher e expressar as suas energias em minha vida?

Relaxe, somente por *um minuto*.
Esteja aberta para receber qualquer impressão, sentimento ou imagem que ela traga. Talvez você tenha a necessidade urgente de fazer algo mágico, como ler as cartas de seu oráculo, fazer algo criativo ou se retirar do mundo e se nutrir de forma luxuosa.
Termine o exercício movendo os seus dedos das mãos e dos pés e faça uma respiração profunda.
Agora, entre em ação! Se não for possível atender completamente às necessidades da sua Feiticeira, então faça algo pequeno na direção de fazer com que isso aconteça. Simplesmente reconheça a necessidade da Lua Feiticeira dentro de você, e faça uma pequena ação que fará você se sentir menos estressada e mais feliz e realizada.
Escreva ou desenhe qualquer ideia ou inspiração que sirvam de referência para você na próxima fase Feiticeira. Conectar-se com ela e expressar as suas energias em sua vida de forma consciente a ajudará a sustentar as mudanças da Bênção do Útero, a equilibrar o seu ciclo e a facilitar que você faça sua passagem pela fase pré-menstrual com amor e elegância.

Dia 26 do ciclo: convocando as energias sexuais da Lua Feiticeira

Tigela do Foco

Comece essa **noite** repetindo o exercício da Tigela do Foco do dia 22 do ciclo. O número de pedras escuras está crescendo em sua tigela, lembrando-lhe que a cada dia você está se retirando da luz e se aprofundando mais e mais na escuridão do labirinto.

Conectando-se com as suas energias

No aspecto sexual, a fase da Feiticeira pode ser fantástica. É tão comum focarmos nos aspectos desafiadores da fase pré-menstrual que ignoramos os presentes prazerosos que ela nos traz!

Para muitas mulheres, a fase da Feiticeira pode ser a mais erótica e aventureira. Pode haver dias em que estamos mais desinibidas, mais desejosas de tentar algo novo, e nos sentimos empoderadas de confiança sexual e de desejo. Em outros dias, pode ser que nos sintamos emocionalmente mais vulneráveis e precisemos ser tranquilizadas, pois ficamos carentes e emotivas. O sexo pode nos mostrar que nosso companheiro ainda nos ama e nos reassegurar de que ainda somos desejáveis, sendo também uma fonte de conforto emocional e alívio do estresse.

Hoje, perceba as energias sexuais da sua Feiticeira e aceite-as, independentemente da forma que elas tomem. Permita que energias plenas de sensualidade fluam através de você, com sua graça atraente, ou coloque um xale ao redor dos ombros para confortá-la e proteger a sua abertura, expressando o seu retiro sensual que se aprofunda na escuridão.

Se você tem um parceiro, permita que ele experimente as energias sexuais eróticas e desinibidas; ou aninhem-se juntos e, na sua vulnerabilidade, permita que ambos percebam a beleza da escuridão espiritual e sensual que existe em você.

Se achar que nesse estágio da sua fase você está cansada demais para pensar em sexo ou que as suas energias sexuais parecem estar bem distantes, você pode fazer esse exercício mais cedo, quando chegar a essa fase no próximo mês, ou fazer o exercício do dia 27 do ciclo para ajudá-la a despertar as suas energias.

Dia 27 do ciclo: curando a Feiticeira da Lua Minguante

Tigela do Foco

Comece essa **noite** repetindo o exercício da Tigela do Foco do dia 22 do ciclo.

Conectando-se com as suas energias

Se você não está nutrindo e expressando as energias da Feiticeira, o centro energético do útero, o Caldeirão, pode com certeza ficar esgotado em energia. Podemos levar as energias ao Caldeirão para trazer cura à Feiticeira, o que suaviza as mensagens desafiadoras que ela nos traz nessa fase.

Feche seus olhos e traga a consciência para o seu baixo-ventre e para o seu útero ou centro do útero, logo abaixo do umbigo. Imagine que você está desenhando círculos em seu baixo-ventre com as mãos. Use a sua intuição para guiá-la sobre a direção e a velocidade para desenhar os círculos. Após alguns momentos, é possível sentir o seu útero respondendo.

Quando se sentir pronta, leve a consciência a seu quadril direito e comece a desenhar círculos imaginários sobre ele.

Então, leve a consciência ao quadril esquerdo e desenhe círculos sobre ele também.

Finalmente, leve a consciência a seu centro do útero e veja, sinta ou saiba que você mantém a energia espiralando nesses três locais.

Em sua mente, diga:

> **Eu sou a Donzela Escura, a Feiticeira da Lua que escurece.**
> **Eu me abro à magia e à transformação que cura.**

Quando se sentir pronta para finalizar a cura, coloque suas mãos sobre o baixo-ventre e deixe que as raízes da sua Árvore do Útero cresçam, aprofundando-se na terra.

Avançando para a próxima fase

Dependendo de como for o seu ciclo, você poderá sentir que se torna a Lua Escura Anciã alguns dias antes de sangrar, ou perceber que ainda identifica as energias da Feiticeira enquanto estiver sangrando. Se as energias da Lua Feiticeira ainda estiverem fortes, talvez seja uma boa ideia repetir algumas das atividades da Feiticeira, até que você sinta a mudança para a Bruxa Anciã.

No fim dessa fase, talvez você queira agradecer ao Sagrado Feminino.

> **Eu agradeço ao Sagrado Feminino
> pelo Seu amor,
> por descansar em meu coração e em meu útero,
> pelos presentes que Ele me deu
> e pelo chamado apaixonado para recuperar
> minha feminilidade autêntica.**

Resumo da fase da Lua Feiticeira

Quais energias você sente que a Bênção do Útero despertou em você nessa fase?
Quais aspectos de sua Lua Feiticeira interna você sente que foram curados?
Quais *insights* ou presentes a Bênção do Útero liberou nessa fase para serem reconhecidos e expressados por você?
Se você recebeu a Bênção do Útero nessa fase, qual foi a sua experiência?

As Bênçãos do Útero e o Caminho

À medida que circulamos pelos nossos ciclos, aceitando e expressando as energias dos arquétipos, estamos aceitando as mudanças energéticas e os presentes que cada sincronização da Bênção do Útero nos oferece, tornando-os parte de nós mesmas e de nossas vidas. A cada Bênção do Útero, damos mais um passo na direção de nossa natureza autêntica, e mesmo que a vida moderna nos desconecte, a Bênção do Útero nos reconecta e nos faz regressar a quem somos como mulheres.

Trilhar o Caminho da Bênção do Útero em nossas vidas é um passo na direção de fazer as coisas melhorarem – mudando quem nós somos e evoluindo para uma versão mais plena de nossa feminilidade. Isso nos leva a um novo lugar em nossa vida, renovadas e prontas para trazer amor e energias femininas ao mundo.

Capítulo 10

A visão e a direção a seguir

A visão da Bênção do Útero

A Primeira Mulher se deitou em seu cobertor, olhando para as estrelas no alto. Ela pensava na primeira pergunta que fizera, na Criação do Mundo:

— Quem sou eu?

Agora, centrada em seu ser, equilibrada e completa em seus quatro objetos de poder pessoais e com sua Tigela do Útero cheia de poder, ela soube a resposta:

— Eu sou eu — ela disse, sussurrando ao Povo das Estrelas.

Nas sociedades em que as mulheres não estão conscientes de sua natureza feminina autêntica, não existem mulheres autênticas para mostrar a elas como viver e trabalhar de uma forma diferente da dos homens. Comportar-se e pensar como os homens pode trazer sucesso material, ou segurança, mas isso vem com um preço muito alto: culpa, problemas emocionais e mentais, estresse e desarmonia em seu corpo e seus ciclos. Tantas mulheres se sentem incompletas e vivem com a dor profunda de não compreenderem quem são e qual é o seu propósito na vida. Elas anseiam por se sentirem completas, validadas por serem quem são, e fortes e confiantes em sua feminilidade e em seu valor próprio. Mas é preciso apenas **uma mulher** para começar a viver aspectos de sua natureza autêntica e começar a mudar o mundo.

Quando nos conectamos com nossa feminilidade autêntica e vivemos no mundo, naturalmente partilhamos nossa autenticidade com outras mulheres e com nossas famílias. As mulheres vão ressoar com as nossas energias e com a forma como nós vivemos, e desejarão saber como elas podem encontrar esse mistério também dentro de si mesmas. Nossas crianças verão a nossa autêntica natureza cíclica e a maneira de viver em harmonia com o mundo cotidiano. As meninas terão um modelo para toda a vida, e logo compreenderão a beleza, a força e o valor da natureza cíclica da mulher, e aprenderão a dançar com ela.

À medida que mais e mais mulheres passarem a viver e trabalhar em harmonia com suas energias femininas, os benefícios disso se tornarão mais óbvios em sua saúde, em suas relações, em sua comunidade e em seu trabalho. Mulheres autênticas exibirão dons e habilidades surpreendentes. Elas serão criativas e cheias de *insight*, terão sabedoria para além de sua idade, entenderão as coisas intuitivamente e viverão desde um centro de empoderamento pacífico.

O resultado será mudança – porém, diferentemente de como se deu na batalha dos sexos dos anos 1960, essa mudança será suave. De base, haverá um movimento de mulheres fazendo pequenas mudanças em suas vidas cotidianas, que transformarão os pilares fundamentais da sociedade. Velhos padrões de pensamento entrarão em colapso, permitindo que uma nova sociedade, autenticamente feminina e autenticamente masculina, evolua simultaneamente. A Bênção do Útero é uma forma de as mulheres iniciarem essa mudança dentro de si mesmas e em suas próprias vidas.

**O Mundo está pronto para mudar – e
essa mudança virá das mulheres.**

Compartilhando a visão

**A Visão da Bênção do Útero:
criar um mundo harmonioso ao fazer com que todas as
mulheres despertem para a sua feminilidade autêntica.**

Intencionamos fazer isso oferecendo a todas as mulheres a oportunidade de trilhar um caminho de despertar feminino por meio da sincronização da Bênção do Útero, junto à informação de que precisam para ganhar experiência pessoal e compreensão das suas autênticas energias femininas e da natureza.

Nosso desejo de coração é criar um legado para as futuras gerações, de forma que nossas netas e suas filhas cresçam em uma sociedade global pacífica que reconheça, ensine e celebre os benefícios advindos da feminilidade autêntica.

E se...?

E se tivéssemos uma sociedade que reconhecesse a Mulher Cíclica? Uma sociedade cuja estrutura permitisse que as mulheres fossem verdadeiras com a sua natureza cíclica?

E se a medicina reconhecesse as quatro fases e adaptasse as cirurgias e os tratamentos para se ajustarem às energias cíclicas? E se o efeito das drogas levasse em consideração as fases do ciclo menstrual? E se houvesse um desejo real de compreender o ciclo e a menopausa?

E se a saúde mental reconhecesse a importância de adaptar a vida às quatro fases?

E se a educação permitisse que meninas e mulheres aprendessem em harmonia com os seus ciclos? Que elas tivessem avaliações constantes, em lugar de exames, de forma que as mulheres pudessem trabalhar e aprender usando as habilidades otimizadas de suas fases?

E se houvesse um Estatuto dos Direitos Humanos que garantisse reconhecimento, apoio e educação sobre a natureza cíclica das mulheres e assegurasse a adoção de práticas que pudessem fazer o uso otimizado do pleno potencial do ciclo feminino?

E se permitissem às mulheres um ou dois dias de folga no período menstrual, que pudessem ser recuperados com tempo quando suas energias dinâmicas estivessem de volta?

E se as mulheres pudessem trabalhar de forma colaborativa e a divisão de tarefas fosse feita de acordo com a fase do ciclo de cada uma? E se os papéis assumidos em reuniões e tomadas de decisão refletissem as habilidades perceptivas potencializadas de suas fases?

E se as quatro habilidades criativas e perceptivas da Mulher Cíclica fossem utilizadas ativamente em empresas, que se valessem do uso dessas habilidades entre departamentos, independentemente de diplomas de trabalho?

E se as mulheres pós-menopausa fossem respeitadas como líderes comunitárias e chefes de trabalho e fossem a influência principal na política e na administração dos países?

E se construíssemos uma sociedade em que ambos os sexos pudessem viver não com base em seus padrões de medo e sobrevivência, mas com base em sua natureza autêntica?

Mudar o mundo é um desafio – para muitas mulheres é perigoso e pode mesmo representar uma ameaça de vida. Para outras, há a ameaça de perder o valor e a "igualdade" pela qual elas lutaram tanto para obter...

No entanto,

e se...?

Posfácio

A Primeira Mulher dançou o seu poder.

A cada dia, ela procurava pela face da Mãe Lua no céu e pedia a ela orientação e sabedoria.

A Primeira Mulher compartilhou sua vida com os clãs, vivendo em sintonia com seus ritmos. Ela levou ao mundo os presentes que lhe foram dados, cuidando dos Primeiros Animais e usando as suas energias criativas para criar lares e lareiras. Ela usou sua mente afiada para organizar e planejar, e para aprender as modalidades do mundo. Sua inspiração selvagem trouxe a magia e a orientação do Espírito ao mundo, e os animais procuravam sua sabedoria profunda e sua intuição interna quando ela se sentava ao fogo e lhes contava histórias.

Cada atividade era uma expressão de seus poderes, cada atividade a conectava com seus poderes, e cada atividade era abençoada pela luz da Mãe Lua e o amor da Mãe Terra.

Um dia, a Mãe Lua apareceu para a Primeira Mulher e pegou um pequeno pedaço da tigela que estava no ventre dela. Ela também apanhou um pouco da água viva e da chama criativa que habitam a tigela, assim como um pouco do amor do coração da Primeira Mulher.

A Mãe Lua misturou esses itens em sua própria tigela do Útero, e então ela deu à luz o Primeiro Homem.

A Primeira Mulher olhou para ele, contente, mas confusa.

– O que ele faz? – ela perguntou.

– Ele dança com você – a Mãe Lua sorriu.

E tudo estava bem.

Não há princípio ou fim, somente o lindo e eterno fluxo das estações por meio do qual nós, mulheres, crescemos, florimos, frutificamos e descansamos...

À medida que viajamos por nossos ciclos e pelas fases de nossas vidas, nossa relação com o Sagrado Feminino será transformada de acordo com o tempo da música que estamos dançando. A forma como ele aparece para nós e como ele nos guia mudará. Os arquétipos com os quais nos identificamos vão mudar, bem como nosso próprio caminho na vida. Despertas em nossa feminilidade autêntica, dançaremos graciosamente o nosso caminho, sabendo que a mudança é nossa força e nossa natureza como mulheres, e que sustentamos um conhecimento íntimo dela em nossos próprios corpos. Também sabemos que detemos o poder de criar com facilidade por meio da redenção à nossa natureza cíclica e à felicidade sincera de nosso coração.

Nossa natureza é sermos felizes, amadas e realizadas.
Nosso caminho para isso é ser quem realmente somos.

A Bênção do Útero é um caminho de despertar a nossa natureza autêntica, sendo guiadas pelo Sagrado Feminino. À medida que Ele tocar mais e mais mulheres, a Bênção crescerá em tantas belas e diferentes formas, em resposta à maravilhosa criatividade e inspiração das mulheres.

Para nós mulheres, existem inúmeros caminhos a serem trilhados, mas a direção é a mesma.

Você está convidada a trilhar o Caminho da Bênção do Útero conosco.

O Sagrado Feminino existe dentro de nós,
ao nosso redor,
e a todo momento.
Nada é mau, sujo ou impuro.
Tudo é uma sagrada expressão Dele.

Incluindo você.

Exercício: Para finalizar

Enquanto lia este livro, você absorveu a informação por meio do filtro de um ou mais arquétipos, dependendo do tempo que levou para lê-lo. O que você pensou ou sentiu acerca da informação, as conclusões que tirou e qualquer ação que ele possa ter inspirado foram afetadas pelo arquétipo dominante no momento da leitura.

Em meu livro *Lua Vermelha*, eu sugiro que as leitoras releiam a informação sobre uma fase específica enquanto elas estão na fase, e se você fizer o mesmo com este livro, talvez você tenha alguns momentos de "Aha!".

Ao reler partes do livro, ou refazer os exercícios, esteja consciente do arquétipo que você incorpora enquanto o lê.

Para cada pedaço de informação, para cada decisão, para cada atividade, existem quatro abordagens abertas a você. Ser autenticamente feminina significa percebê-las, e fazer uso delas como força positiva em sua vida.

Apêndice

A Roda do Ano e as Meditações dos Arquétipos

A Bênção Mundial do Útero acontece nos meses dos maiores festivais sazonais celtas – as datas desses festivais são fornecidas abaixo. As meditações arquetípicas são dadas pela Bênção Mundial do Útero nesses meses, para ambos os hemisférios, norte e sul.

Os ciclos do Sagrado Feminino

Arquétipo da Mãe
Fase ovulatória
Mulher fértil

Verão

Lua cheia

Energia radiante voltada ao exterior

Mente Sentimental dominante

Conexão/cuidado

Arquétipo da Feiticeira
Fase pré-menstrual
Pré-menopausa/início da pós-menopausa

Outono

Lua minguante

Energia dinâmica voltada ao interior

Mente Subconsciente dominante

Criatividade inspirada/espiritualidade

Arquétipo da Donzela
Fase pré-ovulatória
Jovem menina não fértil

Primavera

Lua crescente

Energia dinâmica voltada ao exterior

Mente Pensante dominante

Intelecto/ação

Arquétipo da Bruxa Anciã
Fase menstrual
Mulher não fértil

Inverno

Lua escura

Energia radiante voltada ao interior

Mente da Alma dominante

Unidade/ser

Como posso encontrar uma Moon Mother?

As Moon Mothers são mulheres que sustentam a vibração do amor e da luz do Sagrado Feminino e que foram treinadas nas técnicas de Miranda para oferecer as *sincronizações da Bênção do Útero pessoal e a Cura do Útero – Equilíbrio da Energia Feminina*. Elas têm um papel ativo na sincronização da Bênção Mundial do Útero. As Moon Mothers *nível 2* são treinadas também para oferecer *O Presente* aos homens, assim como técnicas de cura ampliadas, e as mentoras Moon Mothers *avançadas* receberam um treinamento adicional na Mentoria da Bênção do Útero, para acompanhar as mulheres durante o seu despertar.

Muitas Moon Mothers conduzem grupos de Bênção Mundial do Útero e podem ajudá-la a criar o seu próprio grupo ou a encontrar algum em sua área. Elas também podem contribuir respondendo a questões sobre a Bênção Mundial do Útero.

Para ver a lista de Moon Mothers autorizadas em seu país, visite o site: www.wombblessing.com.

Como posso me tornar uma Moon Mother?

Os workshops de treinamento estão disponíveis em diversos lugares ao redor do mundo.

Workshop Moon Mother nível 1 — O despertar da energia feminina

Um intensivo treinamento de dois dias de muita informação e trabalho energético, que eleva a vibração da mulher para a vibração de Moon Mother e a empodera para transferir a energia da Bênção do Útero através das sincronizações da *Bênção do Útero pessoal, da Cura do Útero – Equilíbrio da Energia Feminina* e das Bênçãos Mundiais do Útero. Esse é um workshop prático que inclui um manual de apoio, bem como recursos on-line, certificado e inclusão na lista internacional.

Workshop Moon Mother nível 2 — O despertar da energia feminina para o amor

Nesse workshop de dois dias intenso, prático e rico em informações, as Moon Mothers recebem uma linda iniciação que aumenta a quantidade e a vibração da energia que elas podem transmitir na Bênção do Útero. Também aprendem técnicas avançadas de cura que são específicas para o sistema energético feminino, o que contribui para seu próprio despertar e cura, assim como para os de suas receptoras. Inclui *O Presente* para os homens, *A Cura da Alma Feminina* e a *Autobênção*. O workshop inclui um manual de apoio, certificado e inclusão na lista internacional.

Workshop Moon Mother nível 3 — O despertar da energia feminina para a luz

No nível 1, abrimos o centro de energia e os aspectos dos arquétipos conectados à vida. No nível 2, abrimos o centro de energia e os aspectos dos arquétipos conectados ao amor. No nível 3, abrimos todos os centros e os aspectos dos arquétipos conectados à vida, ao amor e ao espírito. Nesse suave mas poderoso workshop de dois dias, as Moon Mothers recebem a iniciação e aprendem como dar duas novas Bênçãos do Útero de "abertura": *Bênção do Útero de Abertura à Sacralidade* e *Bênção do Útero de Abertura à Paz*. Elas também recebem e aprendem a oferecer as Bênçãos dos Úteros adicionais dos quatro arquétipos.

Ser uma Moon Mother nível 3 significa oferecer as Bênçãos do Útero em mais e mais áreas da vida de uma mulher, para ajudá-la a curar suas energias femininas, a amar e a criar seu próprio bem-estar, e a manifestar seus sonhos.

Treinamento de mentoras Moon Mothers avançadas

Este workshop intensivo é exclusivo para Moon Mothers a partir do nível 2 que desejem oferecer um suporte mais aprofundado às suas receptoras. Ao cocriar um programa mensal personalizado, as Moon Mothers avançadas ajudam as receptoras a apoiar a sua cura e seu despertar, vivendo uma vida mais autêntica entre as Bênçãos. Os workshops incluem uma iniciação, que abre as Moon Mothers para fazer a mentoria, um manual de apoio, certificado e inclusão na lista internacional.

Você encontrará o calendário dos workshops de treinamento no site: www.wombblessing.com.

Treinamentos sobre o ciclo

Workshop Lua Vermelha

Uma introdução interativa aos quatro arquétipos femininos e seus efeitos em nossas vidas, com muitas informações, grupos de exercícios práticos e uma singular cura coletiva dos arquétipos. Esse workshop é apropriado para qualquer mulher, com ou sem ciclo, e altamente recomendado a todas as Moon Mothers.

Workshop Encontrando a Bruxa Anciã
Este workshop de desenvolvimento pessoal é para que qualquer mulher, com ou sem ciclo menstrual, encontre a Bruxa Anciã em si, bem como em seus próprios útero e ciclos.

A iniciação da Bruxa Anciã nos ajuda a sentir a presença e a aceitação dela, e a compreender que somos realmente "o bastante". Recebemos uma chave que nos permite sempre encontrar um caminho de retorno à casa. E quando paramos para escutar, podemos senti-la guiando a nossa Donzela, a nossa Mãe e a nossa Feiticeira, e escutamos seus sussurros dos reinos mais profundos da pós-menopausa. Neste workshop, escutamos e expressamos a sabedoria dela, criando as nossas cartas de oráculo pessoais.

Os termos Moon Mother® e Womb Blessing® [Bênção do Útero] são marcas registradas.

Agradecimentos

Eu gostaria de agradecer...

Por trás da Bênção Mundial do Útero, está a mais maravilhosa equipe de mulheres!

Não é possível agradecer individualmente a cada mulher que ajuda a difundir a Bênção do Útero ao redor do mundo, ou que conduz grupos de Bênção ou grupos on-line. Também não é possível agradecer individualmente a todas as Moon Mothers, representantes de Moon Mothers e coordenadoras ou equipes de coordenação dos países, pelo trabalho voluntário que elas fazem apoiando a comunidade da Bênção do Útero. Há também as organizadoras dos workshops da Bênção do Útero, as tradutoras voluntárias dos workshops, manuais, newsletters e de toda a informação on-line, as designers e programadoras. Sem a ajuda dessas mulheres, a Bênção do Útero não aconteceria dessa forma tão incrível e com esse desdobramento orgânico tão emocionante – e há também os maravilhosos homens que nos apoiam com seu serviço de coração, para que transformemos as vidas de mulheres e homens para melhor.

Então, gratidão a todos na comunidade da Bênção do Útero, por suas paixões e habilidades maravilhosas, por sua criatividade e amor, e por sua coragem, inspiração e compromisso de coração.

Finalmente, eu gostaria de mencionar uma pessoa que recebe meu agradecimento especial – meu marido Richard. Sem o seu amor, apoio e ajuda constante, eu não seria capaz de fazer o que faço e não teríamos a Bênção Mundial do Útero, nem uma comunidade global de mulheres e Moon Mothers que cresce a cada dia. Meu amor e meu coração sempre foram, e sempre serão, seus.

Sobre Miranda Gray

Escritora, artista, facilitadora espiritual e empresária, Miranda Gray é uma ponte entre os mundos da criatividade, da cura e da consciência espiritual e o mundo do bem-estar e do trabalho.

Criadora de um movimento espiritual feminino que se expande mundialmente, tem uma abordagem realista da espiritualidade, em que acolhe a singularidade de cada mulher e a incentiva e orienta a descobrir, expressar e viver em sintonia com os aspectos que compõem sua verdadeira natureza feminina – inclusive nos ambientes de trabalho.

Visite o site oficial da autora para saber mais informações sobre sua jornada: <www.mirandagray.co.uk>.

"Eu gostaria de agradecer pelas maravilhosas mudanças que a Bênção do Útero trouxe à minha vida. Eu fui diagnosticada com ovários policísticos no começo do ano passado e por isso não podia conceber. Eu realmente acredito que a Bênção do Útero me curou, e como resultado minha primeira filha foi concebida na noite da Bênção do Útero de outubro."

VB, Reino Unido

"Eu fiz inúmeros trabalhos espirituais nos últimos trinta anos da minha vida, já que sempre fui aberta a isso, mas este trabalho é um dos mais poderosos. Ele me fez voltar à casa, aos lugares mais profundos de meu Ser, e eu sinto que a cada vez que eu dou uma Bênção do Útero pessoal ela também se torna mais e mais profunda. Muito obrigada! Toda a minha gratidão."

SB, Noruega

"Viver em um tempo em que temos acesso a um fórum onde as mulheres de todo o mundo podem se sentar em círculo e discutir as essências do nosso Sagrado Feminino e de nossos ciclos lunares – bem como dar e receber Bênçãos do Útero e Curas do Útero – é um milagre absoluto."

JMH, Estados Unidos

"Eu gostaria de agradecer pela Bênção do Útero recebida em maio. Uma amiga querida me apresentou a essa oportunidade especial que você oferece a todas as mulheres. Durante a meditação, eu senti muita energia. O milagre é que me descobri grávida quinze dias depois. E eu o chamo de milagre porque eu não acreditava mais que poderia ser mãe, então isso veio a mim como uma surpresa inesperada e como uma verdadeira bênção."

FS, Espanha

"A Bênção do Útero foi tão poderosa e tão imensamente recompensadora! Eu nunca havia me sentido tão amada e sustentada na presença de tantas almas."

MA, Suíça

"Eu acho que já disse muitas vezes, mas gostaria de dizer um imenso OBRIGADA! Minha vida foi transformada e iluminada pela Bênção do Útero."

US, Argentina

"Quanto mais eu pratico a vida em sintonia com as mudanças de minha natureza cíclica, mais equilibrada eu me sinto. É um pouco como: 'quanto mais eu mudo, mais eu sou a mesma'."

VC, Costa Rica

"A Bênção do Útero me transformou. Agora eu sou uma mulher segura. Ela me mostrou minha segurança e meus dons, e realmente curou meu corpo, minha alma espiritual, meu coração e minha família!"

LV, Itália

"Miranda tem uma compreensão do Sagrado Feminino que não somente canaliza a beleza simbólica de receber os arquétipos em nossas vidas, mas que traz um entendimento íntimo dos aspectos técnicos envolvidos quando uma pessoa inicia um caminho de prática espiritual pessoal, e as questões que podem nascer de tal esforço. A doçura com a qual ela responde a todas essas questões e inseguranças e nos guia através de um processo para reaprender a nossa verdadeira natureza feminina é cheia de graça e de cuidado amoroso."

BMKL, Suíça

"Eu abracei a minha feminilidade e descobri dons de cura que ainda não havia convocado. Eu sou capaz de dar e receber prazer. Eu também sinto a minha área do útero mais aberta e vejo meu corpo como belo – um templo sagrado que trato com amor, aceitação, compaixão e respeito."

A, Canadá

"Uma vez por ano, criamos um enorme evento de Bênção Mundial do Útero em um parque público em Bogotá, com mais de duzentas pessoas!"

AY, Colômbia

"Eu sinto dentro de mim uma sabedoria tão profunda, e todos os meus medos e preocupações relacionados à gravidez, ao nascimento e à maternidade despareceram... Sinto que a Bênção do Útero é, para as mulheres, aquele toque sutil que faz com que nos sintamos melhores, completas. Então eu realmente lhe agradeço por ter iniciado o movimento da Bênção do Útero. Eu posso ver que a transformação interior que ele traz às mulheres é para melhor, e por isso ele é tão importante."

MP, Croácia